克里斯蒂安·波尔坦斯基
可能的生活

[法] 克里斯蒂安·波尔坦斯基
卡特琳娜·格勒尼耶 著

克里斯蒂安·波尔坦斯基
可能的生活

潘文柱　陈美洁 译

湖南美术出版社

CHRISTIAN BOLTANSKI
CATHERINE GRENIER

LA VIE POSSIBLE DE CHRISTIAN BOLTANSKI

© 2010 by Éditions du Seuil
根据瑟耶出版社 2010 年法文版翻译
并获中文版出版授权

目 录

第一章　童年 …………………………………（3）
第二章　成为艺术家 …………………………（27）
第三章　搞事情 ………………………………（45）
第四章　个人的神话 …………………………（63）
第五章　我一直挂念的想法 …………………（79）
第六章　砸破 …………………………………（94）
第七章　漂亮的照片 …………………………（109）
第八章　成功的奇迹 …………………………（130）
第九章　众人皆圣人 …………………………（146）
第十章　在嘲讽和悲剧之间 …………………（163）
第十一章　艺术家的生活 ……………………（178）
第十二章　艺术的相似性 ……………………（195）
第十三章　阴暗岁月 …………………………（210）
第十四章　死亡之前 …………………………（230）
第十五章　作品的生命 ………………………（243）
第十六章　说出真相？ ………………………（259）
第十七章　图录全集 …………………………（269）
第十八章　你呢，你怎么死？ ………………（287）

《与此同时》(局部), 2003年
克里斯蒂安·波尔坦斯基与玛丽安·古德曼画廊(巴黎/纽约)惠允

第一章
童　年

卡特琳娜·格勒尼耶（以下简称"格勒尼耶"）：告诉我你最初的记忆……

克里斯蒂安·波尔坦斯基（以下简称"波尔坦斯基"）：我最初的记忆应该回到四五岁的时候。比如，有一段记忆，是我坐在海关的柜台上，我父亲在说话。那个地方我记得很清楚，可我不知道为什么会在那样的地方。最初记忆的美好，正是这种清晰明白和模模糊糊的混杂。不过，我们也知道，最早的记忆几乎都是编造出来的——我大部分的童年记忆都是别人跟我说的。我认为非常久远的记忆总是对应着一种感觉，都是和某种环境脱节的视觉印象。做梦也是这样。在梦中，我走进一家药店，药店的女士对我说："您要一根法棍吗？"我对药店有非常清晰的画面记忆，其中包含了某些不完全符合现实的东西。这是超现实主义用过的……不幸的是，我没看出来这可以怎样体现在我的工作中，因为我不做梦！

我有少数几段非常清晰的记忆，我的整个童年都生活

克里斯蒂安·波尔坦斯基可能的生活

在同一个地方——格勒奈尔街,我保存着对这个地方的记忆,可我不能确定这段记忆的时间。假如我换过城市居住或者有过类似的经历,那会有所不同……我记得小时候,圣诞节的早晨,会有一堆玩具。我记得我的奶奶,她住在与我家一墙之隔的一间公寓,我经常和她一起吃晚饭。我记得一些仪式,比如,我记得很清楚,我和奶奶之间的一项仪式,从我幼年一直到她去世,持续了很长时间:每天晚上,她都要亲吻我的额头。在我睡着之前,我都不应该再看到她。假如我再见到她,她就要再亲吻一遍我的额头。当然,她是不自觉的,这是一件私密的事情,非常私密。我也有一些可怕的记忆,都是真实的:小时候,我不去上学,我深深地恐惧去上学。我有一些的确异常恐怖的回忆:我在街上嘶吼,抱紧路灯,别人拖我、拽我……这是恐怖的事情,是逃学的记忆,我哭个不停!不过,这些记忆是不是我听来的,也说不清了。我还记得一所在圣日耳曼大道的小学——所有可能的以及可以想到的、要交钱的、资产阶级的小学我都去过——大家叫我"小拉比"①……

还有可以肯定的,是我一直以来对自己的犹太人身份的羞耻感。我记得自己曾渴望做一个法国人,甚至是当一个王子,还有我对身为犹太人感到极度羞耻,这些都是要

---

① "Le petit rabbin"。拉比,是犹太人中的一个特别阶层,指接受过正规犹太教教育、系统学习过犹太经典,担任犹太人社团或犹太教教会精神领袖或在犹太经学院中传授犹太教教义者,多指有学问的人。——译注

4

隐藏起来的、危险的和确实不好的事情。我一点也不喜欢母亲带我去犹太人街区。我们有一些非常遵奉犹太教的朋友，当我们要去他们家的时候，我会非常不高兴。

格勒尼耶：大家叫你"小拉比"，是因为你的外貌吗？

波尔坦斯基：我想这应该是因为我的名字，不过也因为我的外貌，应该都有关系。我和其他人非常不同。我年轻的时候就是脏兮兮的，我们在家里很少洗澡，这是一种习惯，穿得邋里邋遢，蓬头垢面……我一个朋友也没有，我的家庭也挺复杂。比如，我从来不会一个人在街上走。我的父母陪我去上学，在出口等我放学。这种情况应该持续到我去朱利安学院为止，那时候我应该有二十或者二十一岁了，还会有人陪着我。小时候，因为小孩子们都非常保守，如果有人来找我们，我们就会觉得羞愧。那时候，我还因为父母感到羞愧，羞愧于不能自如走路的母亲。她无法行走，总是由我们多多少少撑着她走。不过，她是一个非常优秀和非常活跃的女人；我们经常去餐厅，经常旅行；她是作家，她会带我去出版社，我记得，五岁的时候，我在普隆出版社玩小车；也是在我很小的时候，她带我去了广播电台……不过，与此同时，我们每到一个地方，所有人肯定都会转过来看我们。她说："我的孩子就是我的拐杖。"很长一段时间，我左边的手臂都保持弯曲，为了能帮她走路……

克里斯蒂安·波尔坦斯基可能的生活

那时候我有一种与众不同的感觉,我认为这和艺术家的感觉是相连的。我们生活在一个优秀的知识分子家庭,我的母亲非常亲近当时所说的圣日耳曼德佩区的波希米亚人。多少算是给我们当保姆的一位同性恋的大诗人,他披一件大披风,留一头长发……我们当时生活的环境有点边缘化。不过,我们生活在资产阶级的条件中,我的父亲是医生,我们的生活却有点奇怪。我当时有一种渴望,一种傻孩子的渴望,我渴望有真正的父母,不是稀奇古怪的人,不用做犹太人,有更加正常的生活。

格勒尼耶: 你母亲的出身是怎样的?

波尔坦斯基: 她是科西嘉人,基督教徒,出生在好家庭。我的外公是左派天主教徒,雷恩市的律师,身无分文。甜点他只吃圣体饼的碎屑,因为便宜!还因为圣体饼是圆的,会剩下一些碎片……这一切都发生在相对资产阶级的世界中,不过,它完全败落了。我母亲有七个姐妹和一个兄弟,她算是被外祖父卖给了一个有钱的女人:他让人收养了我母亲。母亲小时候受了许多苦,首先是因为她在假期回去看她的家人,她的姐妹们憎恶她,因为她有好衣服穿——她有钱,而她的姐妹们生活在穷困中。还因为在她的"教母"家中,她被看作人们所说的那种穷亲戚,她的身份模糊,仆人们对她很坏……不过,这位教母是非常好的人,很久之后,是一位作家。只是我母亲过得非常糟糕,她失去了资产阶级的身份,因为她被收养了。她

童年

克里斯蒂安·波尔坦斯基母亲的照片
克里斯蒂安·波尔坦斯基惠允

的教母在她十八岁的时候去世了。在这之后,她去学医,遇到了我的父亲,他当时是医学教员。他们相识两个月就结婚了,人们对此议论纷纷。那时候,接回她的家庭非常不满她嫁给一个犹太人。然后,婚礼是午夜在教堂中举行的,而且我奶奶的言行举止看起来非常糟糕:她认为自己应该有人陪同,所以她就带上了一位上校。所有人都以为那是她的情夫……他的名字是假的——犹太人的名字总是假的——他的证件也是假的（我的奶奶不知道他的年龄）。所以，这在我母亲的家庭中引起了一小阵议论。然后，我的父母生了我大哥让-埃利（Jean-Élie），一年之后，我的母亲患了脊髓灰质炎。在这之后，她就不能走路了。

战争发生了。我的父母离婚了，他们是有意这么做的，那是一场真离婚。因为当时我父亲很快就明白，局势对犹太人会越来越恶劣。一天晚上，他们假装大吵一架，砰地把门一关，后来，我母亲将父亲藏到地板下。他在楼房两层地板中的藏身处躲了一年半。他不时出来，证据就是他们造出了我！我的二哥吕克，他比我大五岁。他不知道父亲就在家里，他以为父亲消失了，他非常伤心。其实，父亲就在他的脚下生活。我的母亲能够保守这一秘密，多亏了我的大哥让-埃利。他当时才十二三岁，他将所有事情都揽了下来。对一个小孩来说，要时刻警惕警察的出现，是一件挺艰难的事情……

格勒尼耶：在这之前，你的父亲是一个守教规的犹太教徒吗？

波尔坦斯基：我的祖父母离开俄罗斯，有一部分原因就是想要摆脱犹太教。他们来法国，是为了挣脱拘束，过自由的生活。关于我祖父祖母的逃离，有一整段的故事。我的祖父因为接连不断地工作，很快就得结核病死了。我

童年

的祖母,一位非常出色的女人,在第一次世界大战期间成了护士,而且她是勋绩最多的女人之一,因为她救下了整家医院的人。我父亲十七岁的时候,祖母就让他去参军,她说:"如果你不带着军功章回来,你就不是我儿子!"所以,他们都强烈渴望融入集体。后来,据说我的父亲有了宗教信仰的需求——我不确定这是真是假,在我看来,我的父亲成了天主教教徒,也是因为渴望集体——总之,我的父亲需要宗教。他当时想要成为犹太教徒,他去了犹太教堂和拉比说,不过,要当犹太教徒困难重重,他无功而返。这时候,他遇到一位犹太人出身的天主教神父,这位神父说:"都是一样的。"于是他就信奉了天主教。奇怪的是,他变得非常虔诚,可我几乎从来没见他走进过教堂。他体验宗教的方式,就是每天早上将自己关在浴室中两个小时,读祈祷经书。这是一种犹太人的修行方式……他读圣方济各·沙雷氏(François de Sales),诸如此类。我觉得他之所以不敢进教堂,是因为他觉得自己没有进去的权利。所以,在我十一二岁的时候,我们每周日都去圣叙尔比斯教堂的晚祷,在祈祷的过程中,我们所有人都留在车里。我们在车子中保持安静一小时。有时候,我们小孩子会进教堂,父母却从来不会。

我父亲比我母亲虔诚得多。我的母亲更多是受了天主教的教育。我觉得我的父亲是一个神秘的人。他非常古怪:令人敬慕,却完全置身生活之外。他身上从来不带半分钱,他不知道有钱是什么概念。我从来没见过他独自一

克里斯蒂安·波尔坦斯基可能的生活

克里斯蒂安·波尔坦斯基父亲的照片
克里斯蒂安·波尔坦斯基惠允

人去邮局,从来没见他一个人走在街上,从来没见他做决定,无论是什么事情。上午,母亲和我陪他去拉恩医院,他是那里的医生。然后,我们在瓦诺街,坐在汽车里等他三个小时。如果下午他要出去见病人,我们再陪着他去。他完全活在现实之外,他是个挺不错的医生,对人非常细致,非常敏感,对病人很上心。有一阵子,他受不了见到

童年

病人：当有人真的病重时，他会很痛苦。于是，他就专注于被他称为"小精神病"的病人，也就是那些有一点点精神紊乱的人，介乎生理和心理错乱之间。他不算真的精神科医生，也不算心理治疗师。后来，他经常照料一些年轻学者。总而言之，医疗之外的一些事情，对他来说太困难了。

格勒尼耶：为什么你父亲从来不独自出门？因为焦虑吗？

波尔坦斯基：这是一种家庭习惯，没有人会独自出门，除了吕克。我第一次独自出门是在十八岁。我们将生活视作极度危险的，危险到我们要警惕一切事物。我们在格勒奈尔街有一所大房子，而我们所有人都睡在同一个房间，父母在床上，孩子们在地上。我十八九岁之前一直睡在地上，在一条睡袋中。晚上，我们将睡袋直接放在地板上，围绕着父母的床。分开被认为是危险的举动，我们有点像在家中野营。为此我后来对母亲有些怨气，她让这种焦虑支配大家。她或许本该用拐杖，可她更喜欢让她的儿子来当拐杖。她不能走路的事实，是她掌控她的世界的方式，她由始至终将我们、将整个家庭置于一种持续的不安状态中，以此来掌控我们。只有吕克逃脱了一点点，我的大哥和我都完全受她支配，我的父亲也一样。

我认为我成为艺术家真是莫大的幸运，因为当时我们生活在一种危机四伏的感觉和对生活的恐惧之中。我的整

克里斯蒂安·波尔坦斯基可能的生活

个童年充满了幸存者的故事，我父母的所有朋友要么藏起来了，要么从集中营回来，我们生活在这样的气氛之中。我不知道，在这股焦虑之中，哪些是和战争的创伤有关，哪些是和我母亲的脊髓灰质炎，以及她无时无刻不想要掌控的疯狂有关，因为她不能走路，或者和我父亲的另一种疯狂有关，他是那么的游离在外——没有半点欲望，没有半个朋友，什么也没有……我从来没见过他的任何朋友，我从来没见过他去咖啡店，都没有。他的生活只有读祈祷书、去医院、工作、读许多医学书，没有别的，没有半点消遣。还有就是做我母亲吩咐的事情。我的母亲非常喜欢旅行，所以我们出门旅行，所有人都睡在车里，五个人在一辆车中。一辆完全普普通通的汽车，老式前驱车，之后是一辆 R16。我们在车中堆叠起来，因为我们不想在露营地停下来，我们就停在街上睡了。当然，警察经常逮捕我们。我们在美国的街道睡过，在莫斯科大剧院广场睡过，在世界各地。我们不是出于经济原因这么做，而是因为我母亲很难进入一家酒店，她想避开酒店去旅行。当然也因为所有人在一起的满足感。我记得我睡在前排，警察用手电筒照着车里检查的时候，我总是非常害怕——其他人都在后座，更加隐蔽，别人不怎么看得到……我们就这样旅行一个月，也不洗澡。我们一身邋遢，臭烘烘的，会招来各种各样你能想象的麻烦！我的父亲是卫生学专家，我认为他的理论是对的，我还保留着这样的想法："在干净的环境里，人要有点脏"，因为脏污能起保护作用。生活的

童年

环境要干净,可是自己要脏,这样不会染病。在我们家,有这么一个极少洗澡的传统。我遇到安妮特(安妮特·梅萨热,Annette Messager)后第一次请她吃晚饭时,她对此非常惊讶——我的父亲跟我说过,吃完饭要在头发里擦手,这样会有漂亮的头发——我们当时在法兰西研究院,她看到我这么做,她惊呆了!不过,在我身上,这种做法没有成功,因为我依旧掉了头发……对于和我父亲一起共事的医生们来说,我的父母真是怪人,所以他们在这些圈子一个朋友也没有。除此之外,我的父母都是出色的人。我有一个非常幸福的童年,非常自由,比如说,不用上学。说到底,我觉得他们也高兴我不用上学……让-埃利因为战争没去上学,在战后,他十四五岁时候才去学校。吕克上了学,可他也有一大段时间不去。他学得比我好,在学校之外,他还会继续学,我是真的停了学业。

格勒尼耶: 你的父母在战后复婚了吗?

波尔坦斯基: 是的。我参加了婚礼,不过我记不得了,我应该才一岁半……我们家有这么一个奇特的事:我和我的两个哥哥没有登记在同一本户籍簿上。别人说——安妮特说这是假的,可我相信这是真的——我出生时母亲不详。这是极其罕见的!据说,我母亲在家里生了我,多半是由我的大哥接生的,后来,我父亲第一次走出家门,他去市政府给我注册出生证。他说,"我离婚了",别人问他有没有孩子母亲的证件,他没有,所以出生证上就标注了"生母不明"。后来,或许是在他们复婚的时候,我母亲重新承认……这都是有点神秘的事情,不过,有一件事情是确定的:我有一个名字叫"自由"。我的名字是克里斯蒂安-自由。我们家里的规矩是,每个小孩都有一个犹太教名字和一个基督教名字。我的两位哥哥叫让-埃利和吕克·埃玛纽埃尔(Luc Emmanuel)。我叫作克里斯蒂安,可我没有犹太教名字,我的第二个名字是自由。小时候,别人总是这样叫我:"自由,你要乖""自由,别瞎闹"……

格勒尼耶:为什么你的父母生活在一个犹太人圈子,却有这股强烈的集体感?

波尔坦斯基:这一股集体感在战争期间还是减弱了许多。我父亲的医生同僚们,他们所有人都签署文件让他无权再行医,所有朋友都背过身去了。在我母亲的家庭中,有一些人成了纳粹合作者,别的稍微不那么配合……整个法国资产阶级,模糊的天主教世界,完全倾塌了。他们看到了这个世界是假的。军功章无济于事——我奶奶的棕榈军功章别在她的黄星上……他们彻底被击垮了,因为他们曾经如此渴望当法国人,突然间,这一切变得毫无分量。在家里,我们还保留着父亲的黄星。有一天,在奥赛美术馆,有人给我一张黄色的正方形胸卡,对我说:"把它戴上"。一下子,我对自己说,戴上这么个东西,还无人抗议,这是不可想象的。我父亲躲进地下应该是在1943年,

童年

在这之前的两年,他们经历了局面的恶化,禁忌越来越多,生活中多了约束,越来越危险。还发生过一些事情,比如猫的事情:当时,维希政府有一条法令,禁止犹太人养宠物。一天,我们的猫在邻居家撒尿了。那是个很友善的邻居,我父母认识他许多年了。那个邻居过来跟我们说:"如果你们今天晚上不把那只猫宰了,我就向警察告发你们,你们就等着被捕!"于是我父母把猫杀了。这件事情我一直记得。我认为,如果你将权力给了某人,他就会用,如果你给了你的邻居杀人的权力,他就会把你杀了。所以,我父母正常的世界坍塌了。在战后,虽然我的父亲从来没有加入法国共产党,但我的母亲非常亲近共产党,他们完全边缘化了,远离了典型的法国资产阶级圈子。我父母百分之八十的朋友都是幸存的犹太人,这些人曾被押送至集中营,几乎所有人都成了共产党员。

格勒尼耶:可是,你的父母让你受了洗礼。
波尔坦斯基:他们生前还一直去做弥撒,我的父亲真是非常虔诚。

格勒尼耶:你呢,你去上教理课了吗?
波尔坦斯基:去了。我的教理课学得很好,这甚至是我唯一学得好的课!

格勒尼耶:大家还是叫你"小拉比"……

波尔坦斯基：对！那时候我既有非常边缘的感觉，身在一个敌意满满的世界，又感觉自己是"世上之盐"（sel de la terre）。我的家人都非常聪明，我的母亲是作家，而且，哪怕当时我无所事事，我也从来没有怀疑过自己有一天会有所成就。我相信，犹太人和艺术家有这么一个共同点，他们都是被世人拒绝，被上帝选中的。我还认为，既是最后一人，又是上帝选民的感觉，成就了一个艺术家。

格勒尼耶：你的父亲不工作，你母亲是怎样挺过战争的呢？

波尔坦斯基：她从她的教母那儿继承了一所大房子和十几个农场，多亏了出色的农民们，她度过了那段时期。她卖了一些地，这我不太清楚。他们离婚也是为了我母亲的财产不被没收。

格勒尼耶：小时候，你的哥哥让-埃利给你讲过战争吗？他那时已经成人了吧。

波尔坦斯基：从我出生，我就完全活在战争中。这是谈话的唯一题材，几乎只谈这个，尤其是我母亲和她的朋友们。当然，肯定地，还有好几百个故事。对我母亲来说，那是她的英雄年代，而对于一个不能行走的人来说，那是她能够投入行动，搭救某人的时期。在战争年代，有时候，就是人们暴露自我的时期。我有一位教父，犹太人，资产阶级，医生，他在战时就表现出了天才的造假能

童年

力……现在，这一切都过去了。不过，在战后，犹太人资产阶级比"常规的"资产阶级更和善一些，因为这些人知道，他们的一切随时可能被夺去，而法国的资产阶级通常都认为，东西永远都在那里。所以，这些人都有这样的脆弱。战争，犹太人身份，这些是我生命中最重要的事情。可我不曾经历过战争，也没有真正体验过犹太人的经历：与其说犹太教造就了我，不如说犹太人大屠杀造就了我。不过，我对此表现出抗拒，我拒绝参加有关犹太人大屠杀的展览，我不能在犹太人博物馆做展览，这或许是彻底限定了我的生命的大事。我认为，这是一件如此特殊，如此无法理解的事情，以至于，在得知这一切之后，你便不能像以前那样生活。你会感觉所有事情像一团乱麻，所有人都满怀恶意……你要么宽容一切，要么憎恨这个世界。从某种意义上说，我从来没有从犹太人大屠杀中走出来。

格勒尼耶：你出生在战争即将结束的时期，你在几岁意识到了犹太人大屠杀？

波尔坦斯基：从三四岁起。我父亲的藏身处一直还在，就像某处幽灵地，是一个非常脏、黑漆漆的地方。被送集中营的人应该是在我两岁或者三岁的时候回来的。历历在目。与此同时，就像在犹太人身上经常会看到的那样，他们感到骄傲，以及不安，几乎是羞耻。说自己是犹太人不是什么小事，这一直都是危险的事。那时候，大家还有这样的想法："你永远预料不了将来。"总而言之，

克里斯蒂安·波尔坦斯基可能的生活

我就是这样被养大的。我认为，通常而言，艺术家的生命都被一件原初的事情所标记，我的生命就被印上了这个。我很少看书，有关集中营的书却读了许多。一直以来，我们都会面对一些证言，甚至还有对死亡的迷恋，对于那些图像，有一种恶心的迷恋。我最近和潘礼德谈到这个话题，他做了一部关于柬埔寨种族屠杀的电影。他对我说，好几年里，他都保存着一张被杀女人的照片，那个女人应该比他大三十岁，他每天晚上都会看一看那张照片。十二三岁的时候，在大白天，我看着街上的人，因为我知道在集中营里有六千万人死亡，我就会数着他们，心里默念"全都死光"，只是为了了解六千万人是什么概念。现在，我年纪更大了，我理智地看待这些事情，还有新的种族屠杀……不过，我依然深刻地受到关于这场战争的记忆的影响。

格勒尼耶： 对于阿尔及利亚民族解放战争，你有哪些记忆？

波尔坦斯基： 我深受影响，因为让–埃利去了阿尔及利亚。他最初是士兵，后来他承受不住了。因为他有教师资格，通过我父亲的一个关系，他被调回到阿尔及尔，撰写拉科斯特（罗伯特·拉科斯特，Robert Lacoste）的讲话。他遇到了和他做同样事情的布尔迪厄。让–埃利在那里待了两年，因为我们的关系很紧密，在那段时期，我去了四次阿尔及利亚，去度假。我当时十四岁，那场战争刚开始。吕克很早就支持了（阿尔及利亚）民族解放阵线。

童年

在我们家，这是一件正常的、受认可的事情。

格勒尼耶：你小时候没去上学，那你都做什么了？

波尔坦斯基：每天早上，我陪我父亲去医院。我数过往的汽车。我认得街上的所有人，我准确地知道他们会在什么时候经过，但他们不认识我。我有一些计划……十二岁左右，我窥伺一个女孩子，我从来没和她说过话，我等她好几个小时，这让我有了事做。

后来，在十三岁的时候，有了一件新鲜事。我用橡皮泥做了一个小东西，凡是有点傻的小孩子都会弄的。然后，吕克，他对我说："你做的东西挺漂亮……"自此之后，我就决定当艺术家。我想到，既然我不太会写字，我就在这个领域做点什么。很快，我开始在纸上弄东西。然后，我非常积极，我画了许多画——最起码有两百张！都是些巨幅的画，画在 1.5 米×2 米的胶合板或者加压纤维板上，有些甚至是 3 米×4 米的。现在只剩下两张在格勒奈尔街。一开始，我画油画，接着我开始用水粉作画。那段时间，我不张嘴说话，我可以四个小时不说一个字。当时的我确实非常古怪。幸好，我的父母没有把我送去看精神病医生……有一次，他们尝试带我去见一个心理学家，不过，也没有成功。

格勒尼耶：你的父亲也是心理学家，他怎么看呢？

波尔坦斯基：他自己也有点古怪。我不知道他怎么看。我的父母没有做过任何治疗我的事情。我就躲在家里，整天玩小士兵——这是我直到三十五岁都还在做的事情——我有上百个小士兵，我能玩好几个小时。这是非常精神分裂的世界，封闭在自己的故事当中。吕克离开家后，我非常孤独。所以，我得让自己有事情做。

格勒尼耶：你没有提到你的妹妹。她比你小很多吗？

波尔坦斯基：我一直挺想要一个妹妹。吕克很早就离家了，虽然我们俩差了五岁，但是我也很受影响，在家里我很快就无聊了。总而言之，我母亲是这样想的——她想再要一个小孩……他们已经年纪太大，不能生小孩了。所以，我的妹妹是收养的。对所有人来说，这都是一份恩赐，她是一个迷人可爱的小女孩。她成了一个很好的摄影师，我们还会一起聊艺术和人生，聊很久。

格勒尼耶：你和你的家人生活在怎样的环境中？在20世纪60年代，你们是不是已经享受到了"现代生活"？

波尔坦斯基：我们什么都有，我们是一个资产阶级家庭，很早就有了电视。不过，我们还是挺像"左派知识分子"，隐约的斗争分子。我的母亲是共产党员……在第七区的共产党员，应该算是特殊的共产党员。她的小组成员主要是年老的犹太妇女。他们招到一位门房的那天，大家都很高兴，因为那是他们能找到的唯一一位无产阶级人士！因为我母亲是作家，她和知识分子们来往，他们通常

童年

身无分文，是共产主义者。

格勒尼耶：你们经常看电视吗？

波尔坦斯基：我看得特别多。我一天到晚看电视。全都看，什么都看。我记得雷蒙·奥利维埃的烹饪节目……我记得，我还在上学的时候，我是边看电视边做作业。我几乎是在电视机前过日子的，通常和我的奶奶一起，她也住在房子里。

格勒尼耶：你的手灵巧吗？

波尔坦斯基：不，算不上。在做橡皮泥的小东西之前，我什么也没有做过。而且我完全不懂修修补补。我是在初领圣体时受到了艺术的巨大冲击。我当时应该是十三岁，别人给了我一大堆祈祷书，有插图。在好几年里，这都是我主要的灵感来源。我有两个偏好的题材：诸圣婴孩殉道和土耳其人入凡城。这两个题材中都有屠杀的元素，我当时非常喜欢大屠杀元素。我总是画恐怖的画面、战争，有许多的人物、许多的血。

格勒尼耶：对你父母来说，艺术重要吗？

波尔坦斯基：重要，也不重要。我觉得他们在艺术方面的品位挺差的。他们从来不去美术馆，或者说极少去。他们时不时会去圣普拉西德街上一家糟糕的画廊，后印象主义风格的。他们也有一些画家朋友。比如，那时候有一

克里斯蒂安·波尔坦斯基可能的生活

位匈牙利画家,有一点超现实的后立体主义,我父母每年都出于善意买他一幅作品。所以,他们知道艺术是怎么回事,可他们不是爱好者。他们的文学品位大于绘画品位。小时候,我常常去卢浮宫,可我应该没有去巴黎市立现代美术馆(Musée d'Art moderne de la Ville de Paris)。每个周日,我们的大哥带吕克和我去卢浮宫。那时候,吕克是画家,他画一些画,他是我们家的画家……让-埃利是一个圣人,是他给我们找一些活计。比如,他当年在学英语,他将我带去他的课堂。对一个应该有二十三岁的人来说,带一个八岁小孩去上课,换了谁也不会这么做!我就坐在阶梯课室角落的一条长凳上。他上他的课,课后他再过来。我们相差有十四五岁吧,可是他照顾我,去哪里都带着我,为了不让我一个人……

画画给了我某种职务。在这之前,我毫无作为,我不上学,我有精神分裂症,我一句话也不说……我认为,我有一个优点,就是非常主动。我和我的大哥去市场捡大块的木板,然后我一整天都在上面画画。画完一幅,就开始下一幅。以至于,让-埃利,他非常善良,他为了让我在画画时能学点什么,就和我待在一起,和我说英语。我就是这样学会了英语,一边画画一边和他说话。很快,我的父母漫不经心地试着将我的画给别人看。那简直是灾难!尤其是他们给了丹尼斯·勒内(Denise René)看——几年前她还对我说起——因为我的父亲治疗过丹尼斯·勒内的父亲。我父亲对丹尼斯说:"我的儿子在画画,您愿意

童年

过来看看吗?"我那时候在弄一幅笨拙的表现主义的画,那真的不是会讨她喜欢的东西!她对我父亲说:"这真是糟糕得一塌糊涂,最好还是不要让他继续画画。"后来,我的一位犹太教父,他收藏那种"见证时代的画家"的艺术作品,他带我去了一家后印象主义画廊,德鲁昂画廊,这也毫无效果。所以,他们尝试将我的作品给人看,但他们并不懂艺术圈,或者说好的艺术圈⋯⋯我的父亲绝对不知道丹尼斯·勒内代表了什么,他只知道她有一家画廊。我还是继续大量地作画。后来,有一天,我母亲的一个朋友,一位年老的犹太女人,对她说:"你的儿子是个蠢货,他永远都做不出来什么,他是一个非常糟糕的画家。我们两个人应该合伙开一家画廊。这样,他能学到手艺,或许日后他能有一家属于自己的画廊。"她们就这样在维尔奈伊街开了一家特别小的画廊,向日葵画廊,只展出意第绪艺术⋯⋯意第绪绘画有一整套传统,有些夏加尔一派的画,卖给犹太人团体。那时候,我已经有二十或者二十一岁了,我开始一个人出门,所以,我就去看守画廊。画廊有两个小房间,我在后面的房间继续画画。我是从十三四岁开始画画的,所以,那时候,我已经有了大量的作品。后来,突然有一刻,我明白到,意第绪艺术是世界上最丑陋的事物之一!

格勒尼耶: 意第绪艺术不是你母亲的文化呀⋯⋯

波尔坦斯基: 对,没错,不过,别人向她这样提议了。小时候，母亲总是告诉我们："你们要说自己是犹太人。"而我的父亲，正相反，他告诉我们："永远不要这么说，你们是法国人。"是我母亲带我们去犹太人的街区罗西埃街，去买犹太人的食物。她比我父亲更亲近犹太人。对我父亲来说，当犹太人是一件那么沉重、那么危险的事情，他宁愿不去提。

格勒尼耶：你母亲写哪一类书呢？

波尔坦斯基：我认为她是一个好的小说家，她以安妮·洛朗（Annie Lauran）的笔名写作。我从来没有读过她的书。她写了三四本有点自传性的书，在普隆出版社出版，关于她的童年，关于她患上脊髓灰质炎的时期……在这之后，她成了共产党员，她在法国出版人联合社（les Éditeurs français réunis）出版自己的书。当时那是一家共产党的出版社，她出版一些"真相书籍"，介于社会学和访谈之间的再加工作品——关于法国的移民、用人，等等。后来，她写了一本关于圣女小德兰（Sainte Thérèse）的书，一本很好的书。她被视为一位好作家，是人们会谈及的作家。她晚上写作，在客厅，为了不打扰我们。

六个月后，在这家画廊，我就掌权了。我告诉我母亲和那位老太太："我想一个人打理这家画廊。"我和我的大哥一起去看了几个绘画展览，尤其是青年画展，我将喜欢的画家的名字记下来。然后，我给他们写信："先生，我希望为您办展览……"有一位叫作博纳维勒（Bonneville），一个叫作莫力安（Mollien）。我还为一个女孩办过展览，她是雷斯塔尼（Restany）的女朋友，一位美国的表现主义者。在我看来她真是一位巨星，可我忘记了她的名字。我记得雷斯塔尼，他喝醉了，尿在了门房的门板上，大闹了一场！我还展出过让·勒·加克（Jean Le Gac）的作品，两次。他的画挺不错，波普-诗意画（pop-poétique），也许可以这么说。我还结识了莫诺利（雅克·莫诺利，Jacques Monory）、朗西雅克（Rancillac）……这持续了一年半，不过，因为画廊耗钱，我的父母就关了画廊。后来他们遇到一位非常善良的先生，这先生对他们说："你们的儿子是无用的人，我想让他到我的画廊来，不过，你们要给我钱，因为他会浪费我的时间。"我的父母给了钱，为了让我能在这家画廊工作，有点像是学徒。事实上，我只是清洗地板。他的画廊就在旺多姆广场附近，他主要靠卖一位萨格勒布艺术家画的多维勒风景画来生活，而那位艺术家从来没去过多维勒……他挺喜欢稚拙画（la peinture naïve），他还和阿赫尤（Arroyo）短暂合作过，阿赫尤最初画一些稚拙画。我在那里待了一年，我在画廊上最后的挫折就此结束了。不过，这些经历都很重要，因为在那时候，我开始上街，开始和人说话，谈恋爱……那是我生命中非常重要的一个时期，十分关键。

格勒尼耶： 你的父母没有想过将你送去艺术学院吗？

克里斯蒂安·波尔坦斯基可能的生活

波尔坦斯基：当时我真的做不到。我在朱利安学院待了一年，非常糟糕。其他人都讨厌我，我画不出一幅石膏像……我上了一些私人课程，可我就是画不来。在这之后，我在大茅舍艺术学院参加了一个工作坊，跟了一位非常友好的画家——奥让姆（Aujamme）。他对我很好，他帮助了我。这是在我管理画廊之前。我的艺术学习一直非常浅薄，我甚至没有尝试过进巴黎美院。我还几乎不会写字——要我写一封信简直是要我的命。拼写错误不说，甚至是写字母都困难重重。我太特殊了，根本没想自己能通过考试。我过了中学毕业会考的第一部分，那也已经是三次尝试过后。我接受的教育太怪异了。我通过邮件注册课程，早上，在车里的时候，在瓦诺街，我母亲一个字母一个字母地给我听写——她拼出来，我写字母。当时，我有一份证明，证明我不适合上学，我算是瘫痪。这对毕业会考起了一点作用。还有一件非常怪异和神奇的事情。在我们家，有我父亲曾经藏身的地方。在战争期间，有一位老师给我的大哥当家教。解放之后，这个老师跟我们说："我被内政部追查，因为我是通敌分子，你们可以将我藏起来吗？"于是，我的父母将他藏在家里两天。后来，再也没有他的消息了。第三次会考，我们收到了一通电话，对方告诉我们："我加了三分，好让你们的儿子能参加口试，我们两清了。"打电话的是那位老师，他认出了我的姓，这么一来，我就够分数参加口试了……不过，第二部分的哲学会考，他们就说不必去参加了！

第二章
成为艺术家

波尔坦斯基：当我开始打理我母亲的画廊时，我才开始真正明白艺术上的事情，开始认识艺术家。比如雅克·莫诺利，他非常友好。让·勒·加克对我来说很重要，因为他是一个非常聪明的人，教会了我许多事情。我还遇到了伊冯·兰伯特（Yvon Lambert），他非常热情，他对我说："我们俩都是商人，只要您愿意，我可以帮助您……"这几乎唤醒了我的整个世界。这一切都发生在 1968 年左右。那时候，我对绘画的兴趣已经减少了，我明白那不是我的领域。应该是读了一些书，让我意识到了这一点。我只要偶然地碰见一张图像，就可以明白在艺术中发生的事情。比如，在这之后，有一件保罗·塞克（Paul Thek）的复制品影响了我。我还不知道这画的作者是谁，不过，只要一张图像就足以让我明白。在那个时期，我和我的父母、哥哥去了阿姆斯特丹市立博物馆，我开始看一些当代作品，明白艺术圈正在发生的事情。于是我放弃了绘画，投入另一种工作。

克里斯蒂安·波尔坦斯基可能的生活

格勒尼耶：你已经知道波普艺术了吗？

波尔坦斯基：我认为这影响了我，虽然我当时还没有看过太多作品。我在索纳本德画廊看过沃霍尔（Warhol）的《13个头号通缉犯》(*Most Wanted Men*)，我记得很清楚。那是我知道，也是我感兴趣的东西。我获取的信息已经不少了。二十岁之后，我开始在圣日耳曼大道的画廊来回转悠，虽然我还不懂什么是好、什么是坏，但我从来没有离开过。我很快明白了正在发生的事情，我知道有青年绘画展，我就参加了。我还非常年轻的时候，就在巴黎双年展上展出过一幅巨大的画。不过，我从来没去过青年绘画展览，我试了四次，他们从来都不要我！我也去看了最初的双年展，我知道当下的潮流。后来，我和勒·加克变得非常亲密，我们每天都打电话，他教我策略、哪些事情要做、怎么做……

有一天我遇到了哈勒拉格电影院的负责人，一位很好的家伙，曾经是超现实主义者，我向他说起我刚刚完成的一部电影。他对我说："我不想单独展示您的电影，不过，用您的画来做一个展览吧。"展览就在电影院的大堂，在1968年5月。展览挺大，有大约十五张画和《人偶》(*Poupées*)系列。在此之前，我已经做过一些人偶，有真人大小，我将它们摆在椅子上，或者放在盒子中。那些人偶都有些古怪，我拿我妹妹或者我母亲的衣服给它们穿上，用木棉来填充。人偶中有一些是法兰西·高尔（France Gall），还有一些弗朗索瓦丝·哈尔迪（Françoise

成为艺术家

Hardy）——我有这两位女歌手的面具模型,我给人偶们戴上。因为我当时非常孤单,这些人偶也充当了我的充气娃娃。我做了好些个,用的都是这两张面具。我将人偶装在大盒子里。做完了这些人偶,我想要做电影。我做的第一部电影是《克里斯蒂安·波尔坦斯基不可能的生活》(*La Vie Impossible de Christian Boltanski*),在电影中我也将这些人偶用上了:我将它们从窗户扔出去,或者倒吊在楼梯上……在勒哈内拉格的展览中,我展出了绘画、人偶装置和我的电影。有一只人偶藏在抽屉中,其他的都放在巨大的带推轮的箱子中,有 4 米×3 米这么大。我认为,这展览有点像金霍尔茨(Kienholz)。道具的外形都非常真实,非常戏剧化。我的电影则在其中一个推箱中播映,人可以进入这些箱子。这个展览的时间很短,可这是我在艺术圈的第一次个人亮相。我也由此认识了阿兰·弗莱舍(Alain Fleischer)、布莱兹·戈迪埃(Blaise Gautier),我非常喜欢他们。

格勒尼耶: 为什么想要做电影?

波尔坦斯基: 我喜欢电影。我的父母常去电影院。而且我的艺术具有叙述性,极具叙述性,有人物,有故事,所以电影对我来说是一个自然而然的东西。我和《人偶》一起表演,我将它们放到台前……向电影的过渡是自然而然的。在这之前,我画一些全是人物的画,后来我又做了有些立体的画作,混合一些拼贴,在这之后,我就完全脱

克里斯蒂安·波尔坦斯基可能的生活

离了绘画，转向制作在箱子里或者真正的家具上展示的人偶，到最后，我将它们用到了电影中。《咳嗽的人》（*L'homme qui tousse*）是在1969年完成的，由我的大哥出演。不过，这部电影和人偶电影是一样的气氛。咳嗽的人的形象，正好跟一个人偶一样……

在1968年5月之后，我们一家认识了当时（巴黎）美国文化中心的负责人。当时美国文化中心是一个有点破败的地方，非常嬉皮士，欢迎所有的先锋人士。中心提议让我来组织一些展览，我和勒·加克，还有其他朋友就做了。在我的作品中，第一个展览对应了"人偶"的终结：我将其中一只人偶平放在地上，实在奇怪，非常"金霍尔茨"。从第二个展览开始，我就做了一件完全不同的作品——上千个涂成粉红色的木头等距离地插在花园的土地中。最后一个展览叫作"前进中的作品"，原则是每天一位艺术家做展览：我们在早上放置作品，晚上弄一场开幕式，在夜里我们就将作品拿下来。我就是在那里认识了保罗–阿尔芒·热特（Paul-Armand Gette）、米拉尔达（Miralda）、吉娜·帕那（Gina Pana）、居多（Kudo），还有许多其他艺术家。这些展览很少有人来看，更像是年轻画家之间的活动。

在接下来的几个月，圣日耳曼大道的克洛德·奇华顿画廊成了对我来说非常重要的一个地方。奇华顿在地下室安置了一台打印机，你只要付打印纸的钱就可以打印任何你想打印的东西。所以，我在他那儿做出了我的第一批小

成为艺术家

书。我在这家画廊待了特别久,因为这里人来人往,有年轻女孩……画廊就在我家附近,所以很方便。我记得自己坐在地下室的阶梯上,一整天,嘴里念叨着:"我要试一试。"还有罗伯兰(Robelin)女士,她的巴马画廊在巴克街上,就在格勒奈尔街拐角的二层画廊。她是一位十分善良的女人,她会花时间和我聊天。我在这两家画廊的确学到了东西。奇华顿画廊是一个创作中心。奇华顿是一个了不起的家伙,他将家庭财富和1968年的精神糅杂在一起,他有绝妙的想法,可他不会执行到底。过了四五年,他最终关闭了画廊,然后开着游艇环游世界……他组织过一场非常棒的埃罗(Erró)的展览,在展览中有一些拼贴的投影,投影了一百个贴纸,藏家看过后说:"我要那个4米×3米的。"之后,是电影海报画家的展览,他们按所需尺寸绘画。马夏尔·雷斯(Martial Raysse)则做了一款香水……当时是在1968年之后,多元化是潮流。和奇华顿一起,我们可以有许许多多的想法。我和他做过一个好玩的计划,将《咳嗽的人》拿到电影院去放,混入让·米勒尔(Jean Mineur)的电影广告中。电影放映结束会有一幅广告:克洛德·奇华顿画廊及书店。奇华顿租了十几家影院,为了播一周这条广告,一切都进展顺利。后来,在放映前几天,让·米勒尔的公司的人来了,要求看看电影,看后他们说:"不行,这不可能。"事情就搁置了!1969年,哈罗德·史泽曼(Harald Szeemann)在伯尔尼组织了展览"当态度变作形式"。奇华顿去看了展览,他提议在他的画廊做一场回击——只要五六个艺术家参展。我记得，有一个超大的充水气球，是汉克（Rinke）的；下地库的阶梯沾满泡沫，所有人都摔个大跤……因为我一直待在画廊，便遇到了史泽曼，我们成了朋友。

格勒尼耶：这段时间是你的艺术生涯的真正开端吗？

波尔坦斯基：我现在依然在做的、我真正的艺术工作起始于1969年，以小书《追寻和展示童年遗留的一切》（*Recherche et présentation de tout ce qui reste de mon enfance*）为开端。我有一段特别清晰的记忆，当时我和父母在车里，我明白到：第一，我的童年已经结束了；第二，我在生命中应该实现的艺术是什么。这一切都在一瞬间显现了。而且，总体而言，在这本小书之后，一切都没有变过——从1969年至今。在那年，我开始做泥球、小刀、白糖雕刻……我们一家人到圣克劳公园散步时，我就从那里带土回来，做成一些接近匀称的小球。这是一件非常重复、非常精神分裂的活动：我在家关起门来做了三千个泥球！在一年之内，我还制作了十几个傻傻的小物件，都被我放进了饼干盒。就像会在许多年轻人身上看到的，这行为当中有某些重复性的、非常缓慢的，以及非常"自我"的东西。在这个时期，我还制作了"陷阱"。这些陷阱都是用泥土填充的刀刃或者叉子做成的，用一根线悬挂在天花板上：你在房间里走动，假如碰到了线，东西就会掉下来。在格勒奈尔街的顶楼，我的工作室，到处是这样的陷

克里斯蒂安·波尔坦斯基制作小泥球，1969 年
克里斯蒂安·波尔坦斯基与玛丽安·古德曼画廊（巴黎/纽约）惠允

阱。我自己是小心翼翼的，不过，我的妹妹，她当时只有五六岁，有一天她冲了进来，脚挨了一叉子，这就大闹了一场，她真的受伤了，我的父母强迫我拆除干净。于是，我将这些东西全拿走了，转而做起一些小"陷阱"。这是有点古怪和边缘的行为，可是我清楚地意识到这是艺术……

在1969年的巴黎双年展，勒·加克、吉娜·帕那和我共同创作了一个作品——《永久出让》（*Concession à perpétuité*），获了一个奖。我们每人完成了装置的一部分。勒·加克做了挺漂亮的大幅图像，大张的墨水画，放在某种塑料的容器中。我呢，就在地上堆了一个土堆，土堆下有一个隐约可见的身体，是一个戴面具的木偶，涂上了蓝色的颜料。吉娜·帕那则在作品的四周放置蓝色的金属杆，灵感来源非常极简主义。在那次双年展的框架内，还有一场在巴黎时尚博物馆加列拉宫（Musée Galliera）的展览，我展出了一张巨大的毯子，由泥球做成的，中央有一张白布、一盆头发、一根线尾上的灯泡……在那件作品中，我的词汇更加有组织，更贴近后来的作品。集体创作的作品是在展览开始四五个月前设想的，第二件作品是在展览十五天之前，所以，我的工作有所发展。

几乎同时，我在五月沙龙认识了安妮特·梅萨热，这改变了我对事物的看法和我的生命。

格勒尼耶：你也参展了五月沙龙（Salon de Mai）吗？
波尔坦斯基：是的，我弄了一个温室，里面放着一些

成为艺术家

土堆。我真正成了一位"融入群体的"艺术家,更正常了。1969年底,我开始做作品《邮寄》(*Envois*),我通过邮局寄出物品或者信件。每个月或每两个月一次,在两年的时间里,我大概做了三十多次。第一次,我和勒·加克做了一个双重邮寄,有一件他的物品,再加上我的书《追寻和展示童年遗留的一切》。在这之后,邮寄出去的是我妹妹的摄影作品,一张折叠起来的照片,就好像在口袋里放了好久。之后,是一张脏兮兮的白色请柬卡,印了"疾病"这个词。收件人名单是我从奇华顿画廊拿的,都是曾经进过画廊的人。我选择这张清单是有策略的,还因为我认为自己无权打扰那些没有了解过艺术的人。如果我寄了一张"疾病"卡片给某位刚刚丧妻的人,而他不知道当代艺术,那挺糟糕的。如果我寄给某位去过当代艺术画廊的人,他起码有一条线索,知道这是怎么回事。我将这张请柬发给了五十多个人。这就有了菲利普·索莱尔斯打电话的故事。当时我还住在父母家,一天晚上,我父亲对我说:"我非常烦恼,有一位自称是小说家的先生给我打电话,他说我的一个病人在拿我开玩笑,有一位波尔坦斯基寄出了印着'疾病'的请柬。"的确,索莱尔斯在电话簿中翻找,他找到了波尔坦斯基医生,打电话跟我父亲说:"我不明白,我收到您的一张请柬,上面印着'疾病'。"我的父亲以为那是旧病人的报复,或者有人想要加害他!这次邮寄行为让我认识了一位年轻的电影人,阿兰·卡瓦利埃(Alain Cavalier)。他给我写信,他想要见

克里斯蒂安·波尔坦斯基可能的生活

我,后来我们一直非常亲近……

在这个时期,勒·加克和我,我们一起在一些特殊的地方完成了好几个计划。第一个是雷米-杜蒙赛勒街的计划。我家有一间小公寓在那条街上,在租期之间刚好空了出来。我们配了房间的钥匙,寄给了三十个人,只附上了我们的名字和公寓的地址。他们可以自由出入,他们估计会兴奋地经过门房,走上一楼,打开门,有一点恐惧……公寓里没什么可看的。勒·加克只在墙上放了一幅大照片。他还布置了一些石头和木屑,让人想到地景艺术(land art),不过,那些都不是装置作品,只有照片或水彩画才是作品。我在其中一间房放了法兰西·高尔的人偶,立在半开的窗户前,望向窗外。在街上走的人可能会想,为什么有人整个月都在窗前待着……这间房的房门是卡死的,进入公寓后透过门缝可以看到这个人偶的背。

在这之后,就是在摩登酒店的故事了。那是一家大酒店,在共和国广场,当时破败不堪,我们在那里租了婚宴厅,组织了一场晚会。在巨大的宴会厅尽头有一道门,我在门背后早早放好了一台磁带录音机,播放我之前在一家大商场录制好的喧闹声。受邀的人来到大厅里,会以为庆典是在另一头,在封闭的大门背后,他们只有在这个空空荡荡的大厅候着,什么也做不了:在这道门背后肯定发生了一些事情,不过,他们来得太晚,错过了庆典,或者他们被拒绝了……勒·加克在衣帽间也装了音响,藏在一个大家儿乎不会注意的行李箱中,播放天气预报。除此之外，勒·加克、热特和我还做了"散步"（Promenades）。我在美国文化中心认识了保罗-阿尔芒·热特，我们挺聊得来，所以我们决定一起散步：我们总共散步了八九次。我们每个人提议一个地方，然后一起去，闲逛、聊天、去咖啡馆，我们还给别人寄卡片。我们可以去驯化园，去布洛涅森林的湖，去文森动物园，去肖蒙山丘公园，去矿物学博物馆，去公共救助博物馆。卡片上没有日期，收件人在我们散步之后会收到。这是一种见面的方式，告诉别人我们喜欢的地方。我们在一年内将它发展成了一项挺大的活动，持续了一年半吧，一项完全私人的、友情的活动。我们不是一个组合，因为我们三人都非常不同，但我们是朋友。

格勒尼耶： 你当时住在哪里？

波尔坦斯基： 一直在格勒奈尔街。安妮特住在十四区的保罗-福尔街。渐渐地，我就去她家睡觉了，不过我总是在格勒奈尔街吃午饭。总之，我上午10点从她家离开，大概下午5点回去。

格勒尼耶： 你的父母怎么看待你最初的作品呢？

波尔坦斯基： 我的父母坚信我会有所成就，或者他们让我这么相信。他们还给了我完全的自由。我甚至不知道他们是否看过我的作品：只要我做了，就是好的。我的大哥出演了《舔舐的人》（*L'homme qui lèche*）和《咳嗽的人》，他和我一起做了所有的电影。我非常幸运，我可以对让-埃利提出任何请求：他会搬摄影机脚架，假如我想，他甚至可以表演吐血，他在街上派发小册子也不问这样好不好。我的父母由着我，如果我想要钱，他们就给我，没有问题。多亏布莱兹·戈迪埃，我打过一些小零工，我在国家当代艺术中心（CNAC）① 工作过，拿了我的第一份工资，我当时算是档案员吧；后来，我去波堡（Beaubourg）附近做调查，看人们会不会因为有了一家大美术馆而感到高兴，诸如此类……

对我而言，决定性的事件是1970年末巴黎市立现代美术馆的展览。那是一个关于友情的故事。我将我的第一本小书寄给了索纳本德画廊，因为他们在奇华顿的名单上。萨尔基（Sarkis）当时在画廊工作，他打开了信件，他让我去见他。他告诉我："您的书非常好。"后来我们越来越亲近，他是一个热情的人，他妻子很有魅力。我生命中一段重要的记忆，就是在某年5月1号，他们邀请我们去家中做客吃饭，当时天气很热，一段友情似乎就开始了……一天，有人向他提议在市立现代美术馆做一个展览，当时的馆长高迪贝尔（Gaudibert）应该是和他说过："要是有两位艺术家会更好。"那是一次小规模的展览，在一个小小的展厅，萨尔基对我说："我们一起做吧。"

---

① 创建于1967年，1977年被整合入乔治-蓬皮杜国家艺术文化中心。
——译注

成为艺术家

那时候,我正在做《小刀》(*Petits Couteaux*),我在那次展览的六个展柜中展出了这些物品。最起码有四百把刀子。萨尔基展出了他的沥青作品和美卡诺玩具。开幕当晚,索纳本德夫人来了,发生了一件前所未有的事情,她对我说:"您的作品我全买了,您到我的画廊来。"所以,多亏萨尔基我才能在美术馆做展览,多亏他索纳本德夫人才会来,这对我来说是一次意外的走运。几个月后,我在索纳本德画廊做了我的第一个展览。我当时还非常年轻,我是1944年出生的……我展出了一些新作品,用橡皮泥做的《物品重构》(*Reconstitutions d'objets*)。我凭记忆用橡皮泥制作了我过去做过的物品。这件作品和我的第一本小书一样,有重新生产我的过往的概念,这是一个根本不可能并且滑稽可笑的计划。四十多个物件,被分别放在金属抽屉中,这便是展览的作品。我最初的计划是要造一堵墙,带可推拉的金属抽屉,就像太平间的墙面。不过,出于经济的原因,到最后,我在展厅中央放了两个家具,将一列的抽屉平行地挂在墙上了。六个月后,我做了另一个展览,展出了《D家庭相册》(*L'Album de photographies de la famille D*)。所以,这一切都发生得尤其迅速和简单。

不过,有一场展览是我没有说到的。1970年,在巴黎市立现代美术馆的展览之前,在雷米-杜蒙赛勒街的布展期间,勒·加克对我说:"我们应该将作品同时放到一家画廊展出。"后来我们成功说服了丹尼尔·坦普隆(Daniel Templon),他在波拿巴特街有一家小画廊,他让我们每人在那里展出八天。所以，我第一次在画廊做展览应该是在那儿。我将此前制作的物品放在饼干盒，垒起来一堆。我说过——也许有道理，也许没有——这件装置就像一份报纸：整体代表的是两个月的工作，而每一堆对应一个日子。要是我在一天之内做了六个盒子，那么就是六个盒子堆起来；如果我做了八个，那就是八个盒子堆起来；如果我什么也没做，那么就会是一个空缺；等等。所以，在画廊四周，就有这样垒起来的饼干盒子，每一个都写上了日期，而我的想法就是——我写过一篇小短文阐述——我要将自己的生命放进盒子里保护起来。我说过，唯一可以让时间停止的方式，就是做一件手工的笨活，比如这些小物品，在制作的时候，我的双手和我的脑袋都被彻底占据了。假如制作时间是一个小时，这物品就等同一个小时的体力和脑力活动。从小蜡球到装着一块布或者头发的铁丝网小笼子，或者是小土堆。物品本身不是那么重要，我的想法更多是将一段时间放入盒子中。我的制作材料只限于工作室里的物品，或者在花园可以找到的元素，比如三截被绑起来的木头。有许多物品是用床单碎布做的，我将床单剪成破布，再重新编织，白床单卷成一筒，小小的细带子……它们都被放进盒子里，参观的人可以将盒子打开。

格勒尼耶：饼干盒的想法是怎么来的？

波尔坦斯基：我应该是在家里找到了一些饼干盒子，所有人家里总会有一些，我的兴趣就来了。我和我母亲去

成为艺术家

北郊,在博比尼附近再买了一些回来。我们是开车去的,载回来了一百五十个。我第一次使用它们就是在这个装置中,放在金属格子柜的橡皮泥物品是之后才有的。按照顺序,先有泥球;再是手工制作的小物件,比如刀子;然后是放在盒子中的物品;最后是以橡皮泥重塑我童年的物品……对于《小刀》这件作品,我一开始就决定要做橱窗展示,可我还不知道怎么进行。我有一些在家里拍的照片,刀子都放在地上的碟子中,我还不太知道该如何处理。直到在巴黎市立现代美术馆的展览,我才决定将它们放在现有的橱窗,都是美术馆的橱窗。后来,对于这些物品,我需要一个容器,我就想到了饼干盒。之后,在我做橡皮泥物品时,我最初尝试过将它们放在木箱里。让-皮埃尔·雷诺(Jean-Pierre Raynaud)那时候买了我的一些橡皮泥作品,现在都还放在木箱子里。可是,很快,既然我已经用过饼干盒了,那金属盒子就更合适,我让一个白铁匠给我制作了这些金属盒。

格勒尼耶: 当你做出《克里斯蒂安·波尔坦斯基不可能的生活》和《重构试验》(*Essais de reconstitutions*)时,什么是你认为不可能的?是重构还是生命本身?

波尔坦斯基: 我不知道这个想法是怎么产生的。不过,我觉得,在我的头脑中,那就是生命本身。这的确是十二岁小孩的主题。1968年,在哈勒拉格街做展览的时候,我已经二十四岁了,不过从精神上说,我还像是十七岁的少年。我像他们一样非常浪漫主义，对自己凶狠，沮丧……我安装陷阱是一种"杀人"尝试。我有些智力迟缓，慢了五岁甚至更多。我还住在父母家。对我来说，转折的时期就是从1969年5月我的第一本书完成，一直到1973年。在这段时期，一切都实现了。多亏了勒·加克，多亏我看清了我的作品已经不是画家的作品，但依然非常表现主义、令人悲伤，在展示中会变得更加冰冷、更加概念化。

橡皮泥《重构》的计划，是用我的记忆重新想象消失的物品，重新制作它们，我的想法是挽救我们不能留住的过去的物品。如何留住只存在于头脑中的东西？与此同时，因为我用了不同的材料，结果必然是非常虚假的。再加上，橡皮泥是一种极不牢固的材料，这些物品必然会被毁掉。的确，大部分作品都消失无踪了。通常，这些被制造出来的物品有好几件，这也就对应了你永远不能穷尽某些东西的记忆、永远不能重造它的想法。

《橱窗样本》（*Vitrines de référence*）是后来才有的。1972年，在大皇宫以法国艺术为主题的展览中，我在一个属于大皇宫的巨型橱窗中展示了虚假的童年记忆。展览之后，我可以保留那块橱窗，我拿它和本（Ben）做交换，换了他的一张画。后来，我还继续做了其他的作品。

格勒尼耶：用橡皮泥是否也对应了童年的一段真实记忆呢？

成为艺术家

波尔坦斯基：确实，让我成为画家的第一件物品就是橡皮泥，我用它做过好多东西。尤其因为这是最简单的材料，我真的没什么技术；之后不需要焙烧，简单方便。我在那段时期的作品主题是操控物品、触碰物品。我根本没想过用黏土，更何况我也不愿意，因为我对在美术馆看到的东西——"真正的雕塑"——有一种抗拒。我是为了在索纳本德画廊的第一次展览才开始制作这些橡皮泥物品。在此之前，我已经制作了一些物件，没有明确的目的。比如，有一些球被放进盒子，其他的留在地上，大部分都被毁了……不过，每次我做一样东西，哪怕漫无目的，我也能找到一个好理由。比如，对于那些泥球，我对自己说，我希望做一个浑圆的泥球，但这是不可能的，所以，我不停地重来，直到实现完美，而完美是不可能的……我引用贾科梅蒂说过的话：这就像贾科梅蒂画他弟弟的肖像，他每天都重新开始，不过，他永远也别想能得到他弟弟真正的肖像。我，每一天，都做泥球，上千个泥球，可我永远做不出完美浑圆的球。这当中有脆弱，有你永远也做不好的东西，还有不断重启的概念。

安妮特让我看到一件非常重要的东西：原生艺术（l'-art brut）。我曾经看过一些，可并没有真正了解。她有一些《原生艺术手册》，她给我展示过，我认为这对我有了巨大的影响。对于"重复"这个概念，显而易见无用又脆弱的物品……原生艺术的美妙在于，你在一张小破纸上画一个小东西，而这就是宇宙，这就是上帝。贫乏的手段与想表现的内容之间的差距过大。我在认识安妮特和知道原生艺术之前就开始了这些创作,不过,这种艺术强化了我的想法。

格勒尼耶: 可你不是一位原生艺术家,在你的作品中还有第二个层次。

波尔坦斯基: 的确,我不在原生艺术之中,真的不算。在我的作品中,隐约有圣物的概念,不过,没有半点巫术的想法。我的计划就是保存痕迹,对抗死亡……我为1969年的书写的第一篇文章,就已经将我今天能说的都说清楚、说透彻了:"死亡是一件可耻的事情,要尝试将一切都保存下来,如何保留微小的记忆……"这是一篇有点天真的文章,可已经包含了这一切。

第三章
搞事情

格勒尼耶：在20世纪70年代初，你的作品是在怎样的环境下发展的呢？

波尔坦斯基：我先说说在20世纪70年代初大概的艺术环境。大致来说，当时有底-面组合（Supports-Surfaces），他们多数是画家，主要来自法国南方，大部分成员都极度政治化，都已经挺成功了；还有一些"后波普"的或者青年绘画的艺术家，他们有另一种政治化的方式；随后出现了与让·克莱尔（Jean Clair）以及《活艺术》（Art vivant）杂志相连的潮流，我们就属于这些人，更多以叙事为特点，对外界是非常开放的——我记得在这本杂志上读到过格哈德·里希特（Gerhard Richter）的一篇访谈录，令我印象深刻。其中伊尔默林娜·勒贝尔（Irmeline Lebeer），采访做得非常好；吉尔伯特·拉斯科（Gilbert Lascault），对各种奇奇怪怪的东西都有兴趣……这一些人组成了一个圈子，像一支艺术家小分队，不管互相是不是朋友：迪迪埃·贝（Didier Bay），我不怎么熟悉；普

45

瓦里耶夫妇（les Poirier），很少能见到；保罗-阿尔芒·热特、勒·加克、我、莫诺利——我和他有过一些合作，我和他做了一件作品——稍有些不同，但也是在同一个圈子发展；还有卡代雷（Cadéré）和萨尔基。我们是一个非正式的团体，由非常不同的人组成，但是所有人都反对底-面组合。另外，我觉得底-面组合的人认为我们是反动分子——萨尔基在索纳本德画廊工作，当时我已经进入了这家画廊。总而言之，我们就是非政治化的。不过，我们所有人都认为自己所做的事情比他们更政治化，这是一种真正的割裂。我们的确在认真考虑改变作品呈现的方式，比如通过"邮寄"，我们想要不同寻常，达到我们所说的"搞事情"的效果。我们不做绘画，在我们看来，绘画是世界上最老套的东西了……他们很快就掌权了，成了当时法国艺术的主流。

格勒尼耶：大家谈及你们的时候，会说到颠覆吗？

波尔坦斯基：我不觉得。或许因为让·克莱尔，我们被认为更接近普鲁斯特。对于我的作品，大家经常说起普鲁斯特，将它们和一种文学传统联系起来。再加上——这是法国的一个不幸——大部分美术馆馆长都偏好文学，我们就因为这一种参照，被归类到算是19世纪的传统中。我认为，对我们所有人来说，列维-斯特劳斯以及结构主义的影响更大。总而言之，那个时期的主要特征就在于一群艺术家发现了人文科学：保罗-阿尔芒·热特是自然历

搞事情

史,普瓦里耶夫妇是考古学,我是某种个人的人种学……安妮特·梅萨热也和这个群体相连。因此,《活艺术》就是我们的联合点。在这之外,是《艺术新闻》(*Artpress*)的人,他们支持美国的极简主义和底-面组合,也算是我们的敌人。1970年到1973年间,在法国形成了一个群体,当然不像贫穷艺术(arte povera)那么组织清晰,不过,也是一个真正的群体,主要特点就在于他们对人文科学的探索,以及非美术馆的作品呈现方式。某种更具有叙事性和文学性的概念艺术……假如当时我们也有一位杰尔马诺·切兰(Germano Celant),就会形成一个更加正式的组合。

在那个时期,有一件事情对我来说非常重要,是我们和勒·加克在小型博物馆做的展览。第一个展览是在枫丹白露的军服博物馆。我记不起展出的作品了,勒·加克应该是放了他的《手册》和一些相片,我的是《橱窗样本》。为了这次展览,我们写了一篇小文章,印在邀请函上,解释在小型博物馆展出的想法。我们就这样在十来个外省的博物馆组织起了好些展览。这些博物馆是布莱兹·戈迪埃帮我们找到的。有关第一次展览,还有一个好笑的故事。将我的作品箱子运送到枫丹白露的人,他开了一辆跑车,在半路上被警察拦了下来。他忘了带证件,所以,他就被带到局里去了。他对警察说:"我可是一位博物馆馆长,我运输的是展览作品。"不过,警察不相信他,将我的小泥球都砸碎了,他们认为泥球中藏有毒品……

《橱窗样本》，1972 年
塞纳河畔 – 维特里，马恩河谷当代艺术博物馆
克里斯蒂安·波尔坦斯基与玛丽安·古德曼画廊（巴黎/纽约）惠允

克里斯蒂安·波尔坦斯基可能的生活

格勒尼耶： 在这些展览中，你的作品都是盒子或者橱窗，你当时已经有了"小剧场"的想法吗？

波尔坦斯基： 我玩了很多年小士兵，一直到年纪很大，在艺术方面我从中受教良多。我玩的战局会持续两三天，非常大的局，有大概三百个小士兵。我和当时七八岁的侄子一起玩，规则非常严谨。这教会了我，比如说，"小等同于大"。一张地毯是难以跨越的大海，一张扶手椅就是要八天时间才能爬过的高山……我明白了尺寸的相对性，以及如何控制它，这在艺术中是很重要的：一个小东西可以变得非常非常大。在墙上的一张小画可以占满整一面墙，正如一张大画。或许我所有的微型物品都是从这个经历中获取到灵感。比如，二十岁时我建造了一座糖做的城市——那不是一件艺术作品——我用了上千块糖。我将这些糖切割，组合成房子的外形。然后，我厌了，我放火烧了。在做这个建筑的时候我并没有艺术目的，不过，这种行为和艺术之间有一些承接。在我的整个童年，一到乡下，我就用苹果建城。那是极其漂亮的东西。你挖一个坑，然后将苹果切割成房屋和建筑物的外形。漂亮之处在于，中心的苹果必然氧化，几天过后，你确实感觉有一个老化的市中心被现代的房屋所围绕——因为在四周的苹果更新鲜。我和我的两个哥哥就玩这个，我们建造巨型的城市，至少要四到五天。我一直热衷于动手切割小东西，给自己创造一些小宇宙，我认为这是一种非常有意思的训练。当我们玩小士兵的时候，我们会建造一些小城堡之类的东西，这就有了对物品的操控和对规模的操控。在我最初的绘画中，有许许多多的城市，我花很长时间来画小房屋。这也是我在精神分裂的绘画中能找到的东西：你建造了巨型的城市，你走入城市，你可以在这些城市里给自己讲故事，没日没夜地讲……

所以，我和勒·加克一起完成的所有这些活动，不算多么古怪，只是有一些边缘化。那也是当时的风气，在1968年5月之后，大家都拒绝博物馆，这是普遍的风潮，大家都尝试别样的创作方式，不去官方的场所。与此同时，底-面组合的艺术家们在乡下搞一些东西，他们将一些上了色的破网布挂在树上……他们将自己的作品放在室外，我们做的是其他事情，可也差不多。有一次我和维尔拉（Viallat）说，我不知道他听了是不是高兴：我深信，我们在20世纪70年代做的一些作品，有一天会被放在同一个展厅中展出，参观的人不会在他的作品和我的作品之间看出任何差别。时间的作用会使得，哪怕当初和你看起来相去甚远的人，也都大同小异了。在我的《小刀》和维尔拉制作的某些小物件之间并没有多大的差别，哪怕概念是不同的。

格勒尼耶：你和吉娜·帕那做过一次展览：你对身体艺术有兴趣吗？

波尔坦斯基：我和吉娜·帕那一起参加1969年双年展时，她还没有做身体艺术，她做的更多是某种我不太喜欢的极简主义——我还得说,我错过了她,因为她是一位非常重要的艺术家,可惜,我们相处不好。她或许会认为这是大男子主义的问题,这也有可能。勒·加克和我有点像,是俩兄弟,吉娜·帕那是外来加入的,我们对她不是特别好,她很快和我们分开了。不久之后,她加入了一个身体艺术的团体。不过,当时我的确不喜欢这一种艺术形式。后来,我遇到了我非常喜欢的阿肯锡(Acconci)。

格勒尼耶:通过本,你认识了激浪派(Fluxus)的艺术家吗?

波尔坦斯基:我和他们没有私交。我勉强算认识罗贝尔·费里乌(Robert Filliou),而且是在很晚的时候。1972年初,史泽曼向让-克里斯托弗·阿曼那(Jean-Christophe Ammann)提议,组织一个有勒·加克、本、一个叫费尔尼(Fernie)的美国艺术家和我的展览。我们都去了卢塞恩(Lucerne)布展,我在那里遇到了有点交情的本。他组织了一场有麦西纳斯(Maciunas)作品的激浪派群展,我觉得不错。在这之前,我在本的画廊中做过一次展览,可我没去现场:他展出了我的一部分《邮寄》,他还做了一张邀请函,跟以往一样。不过,激浪派是在我之前的一辈,我和这些艺术家没有过多的交往。

格勒尼耶:在法国艺术家之中,像阿尔曼(Arman)或者施珀里(Spoerri)这一类艺术家,你感觉自己和他们是亲近的吗？他们的作品也有收集的概念。

波尔坦斯基：毫无疑问，施珀里是我的同行者之一。当时，我几乎不认识他，我是在1973年左右，通过史泽曼，或者在奇华顿画廊认识了他。在这之前我看过他的一些作品，我尤其喜欢他的一篇文章，其中描写了一张早餐的桌子……施珀里必然是我会认同的人，我觉得我们几乎是在做相同的事情。他的《情感博物馆》和我的作品非常接近。在我的艺术中，比起博伊斯（Beuys），我更亲近施珀里，我的确处在这个派系之中。至于博伊斯，第一个对我提及他的人是萨尔基。萨尔基去了一趟杜塞尔多夫，他让博伊斯给一本书签了名，回来后给了我。

我们说到团体，聊我们遇到的人总是那么有意思。后来，我回到索纳本德画廊，在那里，我遇到像罗森伯格（Rauschenberg）、托姆布雷（Twombly）这样的大艺术家，我没有和他们说上话，可那是我生命中的幸运……我在画廊待了好几个小时，在秘书的办公室等迟迟不来的索纳本德夫人，我在画廊晃荡……我看到大艺术家们来来往往，这是非常重要的。对一位艺术家来说，在年轻时，被一家有当时最好的艺术家的大画廊纳入，这是大有裨益的事情。仅仅因为你可以看，你可以浏览展览画册，坐在一个角落，听别人讨论。

我说一句题外话。有些时候，我收到一些艺术家的来信——比如，有一个艺术家给我写信，他或者她住在利摩日，今年二十八九岁，然后问我："怎么做才能成功？"

撇开作品的质量本身不说,我认为,很不幸,这是不可能的。这不公平,可是,我觉得艺术家的人脉是在非常年轻的时候建立的,换了一个处境,就很难再互相融通了。作品也会受到影响:如果你没有好的朋友,如果你不认识可以讨论的人……这不是一个成功学的问题,将自己放在有利的位置,诸如此类,而是可以和其他人讲述,可以看到时下有意思的东西。让我震惊的是——当年或许比现在容易得多——我结识了很多非常年轻的人:萨尔基、让-于贝尔·马尔丹(Jean-Hubert Martin)、卡代雷、阿尔弗雷德·帕克芒(Alfred Pacquement)、苏珊娜·帕热(Suzanne Pagé)、贝雅德丽斯·帕伦特(Béatrice Parent)……这在我的艺术生命中是有决定性的,并不是他们推动了我,就像"朋友帮"那样,而是因为我处在一个艺术世界中,这个世界承载了计划、故事、学习的可能性,一起闹腾的事儿,等等。

格勒尼耶: 在你看来,没有艺术作品是可以在一个情境之外发展起来的?

波尔坦斯基: 可能有独立的伟大作品,不过,那更多是和我们所说的"原生艺术"有关。我认为,一件真正的艺术作品是在一个通常而言非常小的队伍中出现的。有一天,十个人偶然相遇,因为他们住在同一个街区,他们都去同一家咖啡馆,或者因为他们要一起做些什么事情……我肯定立体派是这样形成的,波普也是,或者20世

搞事情

纪 60 年代末期的纽约艺术家也是,从菲尔·格拉斯(Phil Glass)到鲍勃·威尔逊(Bob Wilson)。所有的艺术运动都是基于一小群人的相遇,他们非常年轻,都有一起做事的真诚欲望。要当一位孤立的大艺术家是很难的。我以一个画面来说明:我们看 1937 年在精英咖啡馆的一张照片,露天座上全是人,有一位先生头上顶着小十字,标识出"帕辛"(Pascin)。其他人肯定也是艺术家,不过,都默默无闻,想必在悲惨中死掉了。不过,假如没有其他人,也就不会有帕辛。要让一位艺术家做出什么来,他就必须被一群人所包围。我不认为有艺术家能够缺少这样的人群而存在。或许在文学上可行,但不是在绘画上。对我来说,从 1969 年到 1973 年这段尤其关键的时期,完全是与人结识,成为朋友,一起做计划……

在 1972 年或 1973 年,比如,我们在雷蒙德-邓肯(Raymond-Duncan)学院展示了我们的作品。有勒·加克、萨尔基、安妮特、卡代雷、波尔若(Borgeaud)。我们的友谊就在一顿饭之中建立了:我们在萨尔基家中吃晚饭,大家聊开了……每一年,在这个学院的一个大厅,只要给一点钱,我们就可以放一张画。我们决定:我们大家都要在那里展出,六个人就能凑够这笔钱了。那个地方陈旧破落,在塞纳街上,既古怪又美丽。当时的氛围真的非常神秘,每天清晨五点我们都听到伊萨多拉·邓肯(Isadora Duncan)的声音。到了晚上,我们做一场讲座,气氛非常激烈……那真是一件大事情。像这样的事情,只可能在青年时期与艺术家的友谊下形成。我们每个人每年都在一个画廊中展出作品，在这之外，我们所有的活动绝对都是在系统之外发生的。我们靠各自的方法来搞定一些展览。在我所做的一些小出版物中，我自己掏钱资助了一些，有一本是索纳本德夫人给的钱，另一本是和某人交换了一件作品。总而言之，那都是非常廉价的出版物。

格勒尼耶：在20世纪70年代初，哪些人是你主要的对话者呢？

波尔坦斯基：勒·加克是一位非常了不起的对话者。我还没有告诉你我们是怎么闹翻的吧？一个惊人的故事。勒·加克是我非常敬佩的一个人，他是一个出众的人。我们的联系超过了紧密的程度，我们每天都会互相通电话。有一天，安妮特对我说："你知道吗，如果你明天不打电话给他，他也不会打电话给你。"我回答说："好，我明天就不给他打电话。"我们就再也没有通过电话了。我们就再也没有说过话了。我遇见他几次，我们几乎不打招呼，移开视线，就这样了……

格勒尼耶：为什么你不给他打电话？

波尔坦斯基：因为安妮特明白是我每天给他打电话而不是他给我打。所以，我比他更需要这种关系，而他是离得更远的。在那段时间，这件事情让我非常不安，因为我非常喜欢他。不过，我想到，一方面，我们的性情都比较复杂，我们所有人都这样，另一方面，他肯定害怕我们的亲密关系会打扰他。要么像吉尔伯特和乔治（Gilbert and George），要么分开……除此之外，在我的对话者之中，也有萨尔基，不过，他是不一样的。还有安妮特，虽然我们在一起不会讨论各自的作品。

格勒尼耶：哪些有名的艺术家影响了你？当你开始做作品的时候毕加索还在世，对你们来说他是一个大人物吗？

波尔坦斯基：我总是和贝特朗·拉维耶（Bertrand Lavier）开玩笑说，对我们影响最大的画家是贝尔纳·布菲（Bernard Buffet）。在我们年轻的时候，他是在《巴黎竞赛画报》（*Paris Match*）中出现的画家，他代表了财富、漂亮女人，还有绝望。所以，对于年轻人来说，他就是画家。在我家，鲜少会说到画家，布菲却是其中之一，或许还有毕加索。不过，当一个大艺术家，就是要像布菲那样：一个受折磨的不幸的天才，招人喜欢又有名气……

格勒尼耶：你什么时候见到了安德烈·布勒东（André Breton）？

波尔坦斯基：很早，当时我只有十三四岁。一位达达主义者弗伦克尔（Fraenckel）与我父亲小时候十分要好，他十七岁的时候成了布勒东最好的朋友。所以，我的父亲、弗伦克尔和布勒东就成了分不开的三个人。我的父亲去读了医学，布勒东也是。后来，因为我的父亲工作繁忙，战争又爆发了，他们就分开了。不过，我的父亲还是怀着某种念旧之情，在我开始画画的时候，写了一封信给布勒东，布勒东马上就接待了我。他对我说："我不建议你做画家，这是一个非常艰难的职业，圈子肮脏，您看起来那么友善，做点别的事情吧。"你想，对一个十四岁的小伙子还能说什么呀！那是我唯一一次见他……

格勒尼耶：他零乱的杂物让你意外吗？

波尔坦斯基：是的，我记得那些霍皮族人偶、他的办公室、所有的物品……不过，那时候我还什么也没做，我还在画我的大画。我的父亲送我去见他，就像他后来也送我去见丹尼斯·勒雷。他对艺术一无所知，只是因为他有一个儿子是画画的。

格勒尼耶：你有受到超现实主义的影响吗？

波尔坦斯基：没有，我不这么认为。当然，我看过马格利特（Magritte）的作品、米罗（Mirò）的作品，等等，不过，这并不是吸引我的东西。在我开始对艺术感兴趣的时候，我去了许多的现代艺术博物馆，每个星期去一次。有一段时间，我能够准确地认出一个博物馆中的每一幅作品，作品在哪一年完成的，不用看标签。我的兴趣太强烈了，我获取了大量的知识。我大部分的时间不是花在书里头的，而是在实践上。不过，我都是以同样的方式接纳所有东西。我记得我在一张大幅的里奥佩尔（Riopelle）的画作前待了好几个小时，可他不算是真正让我感兴趣的艺术家……所以，我看过了超现实主义的作品，不过，我不觉得这对我有什么影响。相反，我父母的一位超现实主义诗人朋友，皮埃尔·摩尔昂热（Pierre Morhange），不怎么出名，但是非常优秀，在我小时候他们经常来往，倒是他，肯定影响了我。很难说出具体怎么影响的，或许是他对我说过的一些话，他从来没有看过我的艺术作品。

格勒尼耶：1968年5月的事件对你有任何影响吗？

波尔坦斯基：一点也没有。那段时间我是非常怪异的。我几乎不上街。我的母亲是共产党员；她在我说到的那个小画廊中组织会议，大家会说科恩·本迪（Cohn-Bendit）是一个疯子，一个恶魔……我应该和我的家人参加过一次游行示威——吕克离开了，他是左派，他已经离开了家——我和让-埃利去过一次共产党的游行示威。我尝试过在巴黎美院做一些革命海报，找点事情做，我挺常去，不过，我做的海报从来没有被通过。真是失望……我整个白天都在干活，晚上会有某个评委会，可我从来没有入选！不过，我认为1968年5月之后的氛围在我的作品中有所体现。不过，我极少政治化。一个不太好说的事实是，我是极其"反动"的。我不知道"反动"是什么意思，但是，这么说吧，我从来不是左派人士，革命人士。我提不起半点兴趣。我从来没有斗争过，我从来没有去过集会。这和底－面组合的艺术家相比有巨大的差别，他们是革命的，也读了一些书，等等。我的想法则是，当一个艺术家，就不要去娱乐，搞政治就是一项娱乐。我认为一个艺术家就应该只做艺术，别的都不算数，他不应该在任何事情上玩乐。尤其，他应该躲开任何可能让他逃离艺术家命运的事情。对我来说，搞政治就是一种逃离。对漂亮服装的爱好，或者对漂亮汽车的狂热，就是一种逃离。要做艺术家，就要彻头彻脑沉迷其中。我一辈子都被这么个想法所纠缠，就是千万不要娱乐。

不过，有一件古怪的事情：总体而言，我们在说的是20世纪70年代。这已经是三十五年前了。从我开始做作品的时候，再往前看三十五年，就是1935年的绘画了。三十五年，这太久远了！一幅1938年的费尔南·雷热（Fernand Léger）的画和1970年发生的事情没有半点关联。所以，我们在说的是一段非常遥远的时期，而我确实觉得，我说的所有事情都是当下的。除去形式的问题不说，这些我今天都能做，我没有变，作品是当代的。不过，这都是在毫无瓜葛的另一个世界中完成的，那时候还有共产主义……

格勒尼耶： 所以，世界的现状对你的创作是没有影响的？

波尔坦斯基： 我认为我确实和20世纪绑在一起了，尤其是战后的年代。我总是在那个世界中，我完全不在当下的世界。我的作品所反映出的经历，首先是共产主义、纳粹、基督教，我讲述的是对战争的恐惧、对痛苦的恐惧，战争正是痛苦的一个例子。我和新一代的艺术家非常不同，比如皮埃尔·于热（Pierre Huyghe），他有另一种思维方式，因为他们没有经历过那个时期。我到生命终结都将保留这个时期的印记；形式变化了，可我的思虑还停留在存在主义，哪怕我压根不懂那个时期的哲学概念。今天，我勉强读过加缪，我不是在早年读到的，可我属于这一种思潮。事情就是这么来的，通过谈话，进入当时的一种精神状态，所以，我的行为离存在主义也不是太远。我经常引用贾科梅蒂的话，而我和他没有任何关系，也正是因为这样。还因为他说到了被伤害的人、在穷困中的人、辉煌的人……

格勒尼耶： 同时你非常了解时事，你读很多报纸……

波尔坦斯基： 没错，这甚至是我的一项主要活动！不过，我不认为事情有任何实质性变化，很不幸，问题始终都在。卢旺达大屠杀，就发生在不久之前……而且我尤其不想成为"后人类"！我觉得我基本上是与战后的年代绑在一起，就是这样。不过，我根本没有想过从今天的世界中退隐，我认为我的作品在变化。比如，我的作品变得更有技术性，这就是当下时代的影响。二十年前我不会想到做录像或者做一件有声的作品。必然，你要采用你的时代的词汇和语言。我认为，我最初制作的人偶和我 2005 年

9月在玛丽安·古德曼画廊展出的人偶之间没有多大区别，不过，做这些新人偶的方式更对应如今的年代，而不是四十年前。我的工作将相关的事物纳入世界的进展之中。现在最让我感兴趣的形式是戏剧，这也肯定是时代普遍倾向的表达，而这个时代最有意思的事物都是杂交的创造。今天，在艺术形式之间有大量的交叉，尚塔尔·阿克曼（Chantal Ackerman）和阿涅斯·瓦尔达（Agnès Varda）在画廊展览；米兰达·裘丽（Miranda July），一位年轻的造型艺术家，刚刚完成了第一部长片……还有，虽然安妮特的作品和我的作品没有任何关联，但是在她身上正如在我身上，好几年来，都产生了这种做戏剧的欲望，虽然这一种潮流早已经有了。

第四章
个人的神话

波尔坦斯基：对我来说，具有决定性意义的大事是1972年的卡塞尔文献展。在那里，我明白不只是我们在做那样的事情，展览的绝大部分展示出了在全世界创作的相似东西，让我倍感震撼的是，所有这些艺术家都是"疯子"！比如，有一位艺术家，保罗·科顿（Paul Cotton），他穿成一只兔子那样，跳来跳去，"小鸡鸡"露在外头，走遍整个文献展……他是一个彻底疯癫的加利福尼亚艺术家，我不知道他后来怎么样了。不久后，在巴黎，我们再次见到了他。我们和他一起去跳蚤市场，他居然想买一套神父的服装！还有詹姆斯·李·贝耶斯（James Lee Byars），他也是疯疯癫癫……乔尔·费歇尔（Joel Fisher）用他的头发来编绳子，用他的外套来做肥皂——有点后嬉皮的风格。所有人都真的成了朋友。我们就这么突然地遇到了其他人，和我们做一样工作的人。还有一个艺术家，科瓦谢维奇（Kovachevich），他在巴黎生活过。他做了一件不可思议的作品，某种帽子礼盒：大家把手放进去，摸到各种材料。1973年，我受邀到格勒诺布尔博物馆展出我的作品，不过，我更喜欢组织一个跟科瓦谢维奇、安妮特·梅萨热、贝尔托南（Bertholin）和费歇尔一起的展览，我们将展览命名为"五个私人博物馆"。

我有一个关于史泽曼的小故事，可以稍微说明当时的背景。我们和史泽曼成了真正要好的朋友，和他的妻子也是。安妮特当时还留着她在巴黎的、破旧不堪的、小小的两居室。史泽曼来巴黎八天，我们就把公寓借给他。今天，我们不会再看到一位卡塞尔文献展的重要负责人来巴黎八天，住在一间学生公寓中还兴高采烈的！当时还完全没有今天"重要人物"的概念。在这个层面上，当时是一段不可比拟的时期，大家还压根没有卖作品的想法，不会有人卖半点东西，每个艺术家都有另一份职业，都打一些小零工。我很早就开始当老师；萨尔基在索纳本德画廊工作；卡代雷去刷墙……对我们来说，销售的概念几乎为零。那些卖作品的人被看成大傻子，卖作品一点也不被看好，几乎是可耻的！

就我而言，我在巴黎的索纳本德画廊应该展出过五六次作品，我几乎没卖过什么。或许一年一件作品，这到顶了。在这方面，索纳本德夫人真是一位不同寻常的女人。我对她说，"伊利安娜，我想要做个展览"，她就会给我一个日期，也不问我要做什么，而且通常她又会再去纽约，什么都不理。等她为了开幕式回来，她就告诉我："啊，您比平时更脏了！"这是她唯一的评价：她觉得我

个人的神话

的艺术非常非常脏，比起美国的艺术来……没错，展览确实非常糟糕，框都是我自己做的，有"修修补补"的一面。不过，她对我始终是彻底信任的。我对她的爱是最大的，我总是说："如果我杀了人，她会救我。"我认为她真会这么做。与此同时，她又是非常冷酷的人，对人非常坏，对我更是恶劣至极。比如说，我极少要钱，不过，有时候，我还是会对她说："伊利安娜，我需要一点点钱。"她会定下一个时间，我在秘书处等上四个小时，因为她在忙。然后，她让我进去，她往办公桌上扔一点美元，然后说："现在给我滚！"她就是这样的！同时，她可以非常温柔友善，旅游还给您带一件羊毛套衫……像母亲那样，当然了，有点严酷，不过，也可以非常善良，尤其是在艺术作品方面。有一些艺术家比如布瓦里埃夫妇，他们是在之后才进入画廊，他们的作品卖得动。可我从来什么也卖不出去。她从来不会让我感到卖不出作品的困窘，从来不会对我说："你别做展览了。"我在纽约的画廊做过三四次展览，一件也没卖出过，或者，总共卖过一件作品。可是，在这个层面上，我从来没有任何困难。

钱是要考虑的，可是没人想过卖作品，这一点也不重要。所以，和今天比起来，那是相对幸福的时代——或许所有过去的时代都是幸福的时代——因为那时候有一种氛围，肯定和1968年后的时期有关，有一点"上帝的流浪者"（clochards de Dieu）的感觉。艺术家们建立起深厚友谊，一起搞事情，自我感觉特别好，鄙视挣钱的艺术家，等等，类似一种"俱乐部"。

格勒尼耶：在这个"俱乐部"中有电影人吗？你说过，你认识卡瓦利埃……

波尔坦斯基：没错，我认识卡瓦利埃，那时候他还拍了一些东西，可我从来没看过。还有阿兰·弗莱舍，我在1968年，在勒哈内拉格影院遇到他。有这么一则趣事：他先是吓到了我母亲，有一天他打电话到我家，他说："我找克里斯蒂安·波尔坦斯基，我是一位收藏家，我想要买他的一些作品。"等我回到家，我母亲对我说："有个可笑的家伙打电话来，我不知道他想要你怎样，你要当心！"事实上，他从来没买过我的作品，不过，我们成了非常好的朋友。我参与制作了他的第一部电影，我为他做了一些模特，不过，计划没有进行到底。在这之后，除了我最初的三部电影以外，他执导了我其他所有的电影。那时候，他真的渴望成为电影人。不过，电影人就这么多了。另外，我们当中没有作家……

我差点就和梅萨热的儿子合作。他是一位诗人，不错的诗人。我们试过一起做作品，我拍摄了他在街上行走的脚，我觉得可以从这出发做点什么，可后来他病倒了，我也没有再见过他。他后来应该做了一首诗歌作品。不过，通常而言，我们和作家没有太多关系。那些负责我们的批评家是吉尔伯特·拉斯科、热拉尔·雷尼耶（Gérard Régnier）和伊尔默琳娜·勒贝尔，他们组成了《活艺术》

的队伍,还有冈特·梅肯(Günter Metken),他曾经和我们非常亲近。我以前非常喜欢他,现在也一样。安妮特在德国第一次做展览多亏了他。我认为,他是当时少数几个明白有法国艺术家团体的人。不过,同时他把事情混杂在一起,因为他从"痕迹"的概念出发,有自己的解释。在1975年到1976年间,他以此为展览主题,在汉堡美术馆(Kunsthalle de Hambourg)做了一个展览,将我们的团体和一些我不算喜欢的人混在一起。无论如何,我已经有所变化,我从团体中脱离了出来。所以,当他准备展览的时候,我对此已经没有多少兴趣了。出于玩笑,我展出了我的一些旧画,说道:"既然我们说的是过去的痕迹,那我就展出我以前的画吧……"这是那个时期的终结。

格勒尼耶: 1972年的文献展表明了这种转向吗?

波尔坦斯基: 没错。对我的起步做一个小结的话,我在1971年进入索纳本德画廊,1972年卡塞尔文献展,从此以后,对我来说,一切都变化了。不是经济上的,而是我感觉,突然间,世界在我面前打开。1971年,我已经在一家科隆的画廊做展览;在卡塞尔,我认识了克劳斯·霍内夫(Klaus Honnef),他当时负责明斯特(Münster)的一家博物馆,在德国有了一些关于我作品的评论……正是在这段时期,我的作品开始变得国际化。

我给你讲讲"卡塞尔步行者"的故事,那是艺术世界恐怖之处的美丽故事。勒·加克、我认为卡代雷和我是

克里斯蒂安·波尔坦斯基可能的生活

非常好的朋友。我认为卡代雷是一个不好相处、非常帅气、伟大的艺术家，非常不幸，憎恨所有人，脾气暴躁。不过，他是一位真正的朋友。勒·加克和我收到了卡塞尔文献展的参展邀请，卡代雷没有。雅克·戈蒙（Jacques Caumont），他和我们也非常亲近，他参与了展览的准备，他对卡代雷说："很可惜你没有收到邀请，那我们来做一件事情吧……你当卡塞尔的步行者。你将从巴黎走到卡塞尔，我在起点和终点拍摄你，你每走一百公里就寄一些信，这样，你就能到文献展了。"勒·加克和我多少算是担保人。卡代雷是准备同意的，不过，我们都说，这真是太恶心了，他邀请我们的条件是让我们受皮肉之苦，更何况这不是他自己的想法，我们宁可耍个花招……我们就说他已经走完了，事实上，他不会那么做。所以，我们安排好了，让信能够定期地寄给戈蒙，然后，卡代雷就给他发了一封电报，说道："卡塞尔步行者会在某个钟点乘火车到达。"开幕前两天，卡代雷到了，他去找史泽曼，史泽曼或许不太清楚内情，他说："你没有走，回家去吧。"这是一个很好的例子，说明了艺术世界的残酷。艺术家被接受的条件是他要受苦，他要真正地去朝圣，某种程度上，要祈求被展出，这让我想到第五届文献展的画册封面，由埃德·拉斯查（Ed Ruscha）做的封面：麇集的蚂蚁形成了数字"5"。事情就是如此：蚂蚁代表了所有想参展的艺术家，要么被抛弃，要么被接受……卡代雷就被抛弃了。

个人的神话

格勒尼耶：你在卡塞尔展出了什么呢？

波尔坦斯基：《橱窗样本》和《D家庭相册》。我在一间马蹄铁搭成的大厅中展出，在大厅中有三个巨大的橱窗，我在橱窗中展示了"邮寄""小泥球""陷阱""橡皮泥"，还有墙上我早安装好的《D家庭相册》。此前几个月，我在索纳本德画廊第一次展出了这件作品，用的是米歇尔·杜朗（Michel Durand）———一位非常亲密的朋友的家庭相册。我是在卡代雷家里认识他的。他当时是广告商，读过高等商学院，不过，他对艺术有真诚的热爱，他有好几位艺术家朋友。所以，他将他的家庭照片给我了。我将所有照片打乱，再尝试理出顺序。我一点也不了解他的家庭，分不出谁是谁，不过，到最后，我几乎没有出什么错……

格勒尼耶：以他的家庭作为原型，这个想法怎么产生的？

波尔坦斯基：首先是，非常奇怪，我们家一张家庭照也没有，或者极少。这是正式的原因。其次，我从来没有想过谈论自己，我始终将自己的真实生活隐藏起来，尤其是在那样的时刻，我从来不会谈及——我从来不说我的父亲是犹太人，我从来不谈战争，我从来不说我的母亲患有脊髓灰质炎和她不能走路。我用了米歇尔·杜朗的家庭照片，还因为杜朗是法国最常见的姓，因为他来自一个小资产阶级家庭，因为他代表了一种不同于我的典型，真正法国家庭的典型。我想隐藏我的家庭，一方面因为我羞愧，另一方面因为我的家庭太特殊了。这件作品还得用一个对所有人而言具普遍性的参照。

格勒尼耶： 为什么你将照片都放大了呢？

波尔坦斯基： 因为我是画家，我对一件上墙的作品该是怎样的有相对清晰的想法。要谈论作品的这个方面是挺难的。我可以很容易地谈论相册的概念，谈论展示家人的计划，那是我第一本书的后续。不过，最难讲述的是，为什么我选择了这一个尺寸而不是另一个，为什么我将照片放在墙上而不是在一本相册中……我认为，这是因为我看过许多的绘画作品，看过波普艺术，还因为我想做一件上墙的作品。那些金属框有一个明确的来源。我在伊冯·兰伯特画廊看过金霍尔茨的一个小展览，其中有《证明》(*Certificats*)——小幅的水彩画，上面写了一个数字，是制作成本的金额，我还非常喜欢他用的金属框，所以，我复制了他的画框。《D 家庭相册》的照片始终是很有规律地在墙上排列。这件作品第一次展出，在索纳本德画廊，是以年份分组的。八张照片为一组，一共十二或十五组，一道空白间隔开来，我希望这样售卖。很快，我感到将它们分开并不好，因为所有的照片组成了一件作品，所以，我将它们以四五行的方式装在墙面上。这不会有什么问题，因为我在画廊没卖过作品。一月份，我在画廊展出了这件作品，四月份后在卢塞恩以最终的方式呈现。在卡塞

个人的神话

尔，因为我有一大面墙，我将它们以单独一件作品展示，环绕整个大厅。我总是将这件作品从左往右放。从第一张照片开始，我们看到非常年轻的米歇尔·杜朗的母亲，直到最后一张，我们看到米歇尔已经二十五岁了。

格勒尼耶： 在那段时期，有哪些艺术家在做这一类装置？

波尔坦斯基： 吉尔伯特和乔治，虽然那时候我应该还不认识他们。他们影响了我，不过是在这之后。我很清楚地记得金霍尔茨展览的作品《证明》，我认为这几乎是全部的参考了。我或许还看过别的东西，不过，我也不记得了。

格勒尼耶： 照片原本都是黑白的吗？

波尔坦斯基： 是的。我一直感兴趣的是，人们觉得起初的照片，也就是 1937 年到 1938 年间的照片，非常漂亮，最后的那些，1954 年的照片，就非常丑。在时间上回溯得越远，东西显得越漂亮……

格勒尼耶： 如果在他的相册中有彩色照片，你会保留吗？

波尔坦斯基： 我不知道。1973 年，我为第戎的朗蒂莱耶初中（CES des Lentillères）做作品的时候也问了同样的问题。那是通过塞尔热·勒蒙纳（Serge Lemoine）

的介绍而获得的一个订单，在"百分之一"（un pour cent）展览的框架内。我让每一位学生都拿一张自己最好的相片给我，我将它们都放到大厅里。我保留了原作的黑白或者彩色。

在《D家庭相册》之后，我用在米奇相册中找的儿童俱乐部相片完成了《米奇俱乐部》（*Club Mickey*），还有《弗朗索瓦·C的衣服》（*Les Habits de François C.*），在这件作品中，我拍摄了我侄子克里斯托弗的所有衣服。然后，我开始以《侦探》（*Détective*）杂志为题材做了第一件作品。那时候我经常去跳蚤市场，我买了一整套这个系列的杂志。我感兴趣的是"家庭相片"。在《侦探》杂志中，通常是明星们的故事被运用到普通人身上，这种反差让我感动。那也是某种相册，普通人身上发生了不同寻常的故事。你看到一个胖女人的相片，你了解到她是被情人杀害的，因为他将她改造为性物品了……非常简单的人遇上了不可思议的事情，与王子或者公主相称的爱情故事，谋杀或者报复的故事。我做的第一个作品，是将这些照片剪下来，但没有那些传奇故事，这件作品在纽约的索纳本德画廊展出过。

格勒尼耶：在20世纪70年代，大家都制作了许多小册子，你也做了吗？

波尔坦斯基：我做了《邮寄》，也有些像小册子。不过，我几乎没有真正地在公共场合派发过小册子，只有一次，那是很久之后了。我以战后德国红十字会分发的海报为素材制作了几件作品，海报上是在寻找家人的儿童。这件作品在科隆的三个地方参加过展览，路德维希博物馆、一个教堂和火车站。在火车站，我们放了一张桌子，上面摆着小册子，我们将这些儿童的照片分发给乘车的人，就好像这些是刚刚消失的儿童。不过，那是我唯一一次在大街上或是在一个公共场所分发小册子。估计是我的腼腆阻止了我那样做。

格勒尼耶：你还做过类似的介入吗？

波尔坦斯基：在 1972 年，有这么一个行为作品是我挺喜欢的，叫作"友好散发"（Dispersion à l'amiable），发生在一个叫社会博物馆的地方，那里的会议室可供出租。我请了米歇尔·杜朗来当拍卖估价人，拍卖我抽屉中所有的东西。我的想法是，人一死，最重要的东西和最不重要的东西都失去了价值。抽屉中所有的东西，情书，工作的东西，等等，都以少得可怜的价钱卖给了在场的四五个人。每一件物品都盖上了一个图章，写着"友好散发"。好玩的是，大概两年前，那次散发出去的我的一些信件出现在苏富比的公共售卖中，价钱还不低……

我还在电台中做过几次介入性的行为。在 1973 年左右，我发布了一条寻人启事。我认识法国文化电台的一些人，他们同意播放我的一条通知，由我自己在一个晚上念三遍。这条通知是失踪女孩的告示，我说了她的名字，描

克里斯蒂安·波尔坦斯基可能的生活

> **社会博物馆**
>
> 巴黎第七区，拉卡斯街，5号，5层
>
> **友好散发**
>
> 克里斯蒂安·波尔坦斯基
> 三个写字台抽屉的内装物
> 正本，信件，文件和杂物
>
> 六月五日星期一 20:00

"友好散发"行为的邀请卡，1972年
克里斯蒂安·波尔坦斯基与玛丽安·古德曼画廊（巴黎/纽约）惠允

述了她的外貌，然后，我突然说："勒格朗先生，我知道您在听着，我知道您知道她在哪儿，打电话给我！"我选择了勒格朗，因为这个姓非常普遍。我整个晚上都在等电话，我接到了六七个开玩笑的人的电话，后来，有一个疯子给我打电话，他控告我掳走小女孩。那时候，我就对自己说，这太危险了……广播的好处在于你可以触及所有人，不过，也能够干扰别人。换在今天，我或许不会再这么做。那时候，我做过两三个这样的介入。我觉得使用一种被所有人聆听的媒介是挺美妙的，不过，最好只是和一

个人的神话

个人说。

格勒尼耶：为什么你停止拍电影了？

波尔坦斯基：拍摄完我哥哥出演的最初的小电影之后，我想做一部真正的院线电影。所以，在 1971 年，我拍摄了《弗朗索瓦丝·吉尼奥死前 46 天的重构试验》(*Essai de reconstitution des 46 jours qui précédèrent la mort de Françoise Guiniou*)，由国家电影及动画中心（CNC）支持，我得到了一点赞助，一个团队，等等。在这之后，别人建议我再投一些项目，我就那么做了。我靠一页纸拿到了第一部电影的赞助。我便隐约地考虑当一位电影人。不过，在电影行业，每一个步骤要等六个月……当时，我感觉这真是太复杂了。我认为，一个导演，哪怕糟糕的导演，也是优秀的人：他能写作，懂金融，统领全局……我则一无所知。在《弗朗索瓦丝·吉尼奥死前 46 天的重构试验》的拍摄期间，我非常难过，因为我对此一窍不通。摄制组都是非常友善的人，可因为我不是业内人士，他们彻底地瞧不起我。更何况，《弗朗索瓦丝·吉尼奥死前 46 天的重构试验》是一部故事电影，一部真正的电影，可我不是作家。电影和写作确实关联紧密，电影和一种直接的叙述相关，而我不认为自己真正有写故事的天分。总之，也因为懒怠，我最终放弃了。画家的好处就在于，你一个人就能将所有事情都做了，而电影是一种繁重的制作。除此之外，我认为，对于某些痴迷于电影，当然还有电影手法的艺术家而言，这是一种危险，当然也是一件好事。他们开始制作一些录像或成本昂贵的电影。相对而言，绘画的一个美妙之处就在于它的手段贫乏，在于艺术家可以自行完成，可以修修补补……

格勒尼耶：拍完电影后，你考虑过在电影院播放吗，还是在博物馆？

波尔坦斯基：没有到博物馆去的电影，我更多是在电影节上展示，我还试过将它们插入电影院的广告中。我从来没有卖过我的电影，我也不会有这个想法。我觉得，电影不是拍来放在美术馆的显示器上传播的。那都是真的16毫米的拷贝，也因此我从来没有考虑过做一些发行。不过，现在，这件事情已经死了，离我太远，我不在乎。

格勒尼耶：你还记得申请过的电影主题吗？

波尔坦斯基：不记得了，一点也不记得。《弗朗索瓦丝·吉尼奥死前46天的重构试验》是一个非常意外的主题。在这之前我和所有人一样，读了《安妮日记》。这本书的美妙在于，它描写了一个完全普通的少女生活，外面的事件并没有多少分量。她有着少女的欲望和愤怒……我希望《弗朗索瓦丝·吉尼奥死前46天的重构试验》也是这样，一部完全正常的电影，哪怕是在怪异之中。我认为，在任何情境中，我们始终可以重构一场生命。如果，突然有人告诉你，你不能再走出这个房间，你就在这儿生

个人的神话

活吧,你也会过得不差……人类始终有这种生存下去的力量。安妮·弗兰克和她的家人就组建起了与真实生命平行的生命,同样的爱情故事,同样的谩骂……这部电影的灵感似乎也来自一则逸事。与此同时,这一切都和我非常贴近,别人总是跟我讲当年我父亲躲在房子里的生活,以及外面的危险。这部电影更是一部欢乐的电影,它的结局,还有它所拍摄的家庭生活:一场生日会,母亲在做菜……到最后,她突然决定再也不出家门的事实并非那么重要。外面有危险,我们就不出去,不过,生活还是继续。

格勒尼耶: 你怎么看70年代的艺术理论呢?

波尔坦斯基: 我知之甚少,我压根不感兴趣。我的艺术一直以来都很情感化,鲜少有理论。当然,我对于自己所属的时代是敏感的。比如布伦(丹尼尔·布伦,Daniel Buren),我没有读过他的任何理论,可他或许对我有所影响,因为他是最早将海报贴到街上,走出美术馆的艺术家之一。不过,我感兴趣的是结果,不是理论。我对那个时期艺术家的组合也没有半点兴趣,比如BMPT。我从未尝试过理解他们的行为,以及他们想表达的东西。与我相近的是尼埃尔·托罗尼(Niele Toroni),我非常喜欢他,但不是他的理论。我认为他对绘画的信仰那么宏大,以至于在他看来,下笔留下一道痕迹都是一个几近羞耻的动作!他对绘画的热爱那么深沉,却什么也做不来。这是一种非常强烈的性格。他本可以做一些巨幅画作,不过,他总是限制自己，就好像一个僧侣，因为知道这东西太神圣而最后什么也做不了……我不知道这是否正确。不过，我就是这么理解的。

不然，我不知道什么是"艺术理论"。艺术没有进步，只有进程，艺术的主题从古至今都是一样的，就那么五六个：追寻上帝，性，死亡，自然的美妙……每一位艺术家和他的前辈所讨论的都是同样的东西，每人用上自己时代的词语。这既不更好也不更差。如果你同时读《少年维特之烦恼》和《恋人絮语》，你会发现它们正是同一本书。我今天所做的东西和一位16世纪画家所做的事情之间，只有很少差别，或几乎毫无差别。当然，我用的是当代的技术，摄影。不过，这并不重要。

第五章
我一直挂念的想法

格勒尼耶：给我说说《清单》(*Inventaires*)。

波尔坦斯基：在《重构试验》（1970年）和《清单》（1973年）之间，大约有两年，我在这段时间里做了《D家庭相册》系列的其他相册，比如《米奇俱乐部》的儿童照片和《弗朗索瓦·C的衣服》。实际上，《清单》是和《重构试验》相近的作品，也是从我第一本书的想法而来，那就是将某个人身后所有的东西集合起来，重新组成某种凹版印刷的肖像。我在沙迪隆（Châtillon）看过镇政府为纪念一位过世艺术家而做的展览。展览既有他的画，放在橱窗中，也有他的文件、他的眼镜，这一类东西。我就想到：别人来到这里，不知道这个人是谁，哪怕这个展览是为了纪念他，让他重新活过来，我们还是对他一无所知。《清单》同样不会透露任何人的任何事情。唯一的兴趣点是每个观看的人都能在其中找到自己的肖像，因为我们所有人都有几乎同样的物品——一张床、一支牙刷、一把梳子……比起《清单》中的人来说，我们更多感知到的是自己。在那段时期，我深受人种学的影响，我将我们的日常当作荒野世界来观看——我经常去人类博物馆。与此同时，在人类博物馆的例子，正如在我的《清单》中的例子，我们无法让人重新活过来，不是因为你贴了标签，做了档案，那个人便在那里了。《清单》的另一个想法是，当你将一支烟斗放到橱窗中，哪怕烟斗完整无缺，它也不是一支烟斗了。你试着保存的所有东西都死了，如果你尝试"冻结"某些东西，你就等于将它们杀死了。摄影作品也与此相关，尝试捕获图像是一种和死亡相关的行为。你尝试保存某些东西，一旦东西被保存下来，它也就不再是那件东西了。所以，我想再次引用马格利特的说法，如果你将这支烟斗放在一个橱窗中，它就不再是一支烟斗，而是一支烟斗的图像。一支烟斗是用来体验的，用来抽烟，用来毁坏的……

格勒尼耶：你去沙迪隆做什么呢？

波尔坦斯基：我去为拉乌尔-让·穆兰（Raoul-Jean Moulin）组织的一个展览布置一件作品。他是沙迪隆镇政府的议员，也是艺术批评家。那个时期差不多是我做《陷阱》（*Pièges*）的阶段，我将一些小刺嵌入地板中。我忘了是怎么认识他的，不过，他是唯一邀请我去威尼斯双年展的人！他负责1972年双年展的法国馆，他组织了一大批艺术家，通常都比较差劲。他非常善良，因为他还想组织一些年轻人，他提议勒·加克和我在地下室展出作品。

我一直挂念的想法

不过，这些地下室肮脏透顶，根本没法用。所以，勒·加克将他的作品放在花园中，我的作品则是在入口的两个小房间中。我在其中一个房间展示了《弗朗索瓦·C的衣服》，另一个房间展示《橱窗样本》。不过，因为我们是"额外"被邀请的，我们没有画册。另外，开幕当天，因为他也没有多少钱，他就搞了一场沙丁鱼烧烤，整个展馆弥漫着一股沙丁鱼味！

所以，回到《清单》上来，我想做这种类型的作品，我给大概十五家博物馆的馆长寄信说："先生，我有个想法一直挂在心上，我希望展示某个人的所有物件……"我主要将这封信寄给了历史博物馆或人种学博物馆。我收到十五封左右的回信，全是拒绝的。我的信像是疯子写的，所以，我收到的回信也是那种给疯子的回复，我甚至展出过其中几封。有点出于偶然，我也将这封信寄给了巴登-巴登艺术馆（Kunsthalle de Baden-Baden），他们回复了我："好，我们做。"所以，我的第一个《清单》是在那里做的，1973年，在一个基弗（Kiefer）也参加了的群展中。

格勒尼耶：他们是因为你的信邀请你，还是他们认识你？

波尔坦斯基：其他收信人不认识我，可是他们认识我。那是在德国，我刚参加过文献展，所以，不只是有我的信他们才邀请了我。他们或许本来就打算邀请我参加这次展览，无论如何……我在信中写到，《清单》的对象应该是某位不在世的人。所以，他们买下了某人身后出售的物件，我则照着所有其他《清单》的展览方式将这些物件展出了。后来还有了一本小书。在这之后，我做了好些其他的《清单》，大概十五个。直到现在，我都会去现场布置，不过，有一条游戏规则或许也可以由其他人来施行。这个原则是将某个人家中所有的东西都拿来，在每一个物件上贴好标签，并将所有东西都放入橱窗。展览完了，这件作品也就被摧毁了。我有许多关于这些《清单》的小故事，比如，在埃因霍温（Eindhoven）的那个。做完第一个《清单》后，我不想再用死者的东西来做了，因为作品会因此承载过于感情化的一面。所以，我要求博物馆找一位愿意借出他的物品的人。他们找到了一位博物馆馆员，他离开了，到美国去任职一年。他们给他打电话，问他是否能让我用他的物品，他说："可以，可以，钥匙就在门房那儿，我家里所有的东西都可以拿去，之后你们再还给我。"不过，这个不走运的人，他和博物馆的一位女同事有一出风流事。因为信上写的是荷兰语，我大字不识，将所有东西都放到橱窗里，展览期间，博物馆的人都笑破了肚皮！

后来，我在牛津做了《清单》，但那只是摄影作品。有大概三百张照片，拍摄了牛津的一位年轻男子的所有物品，不过，这些照片是由博物馆的馆员做的，不是我。唯一留存了物品的《清单》是很久以后，在波尔多当代造

我一直挂念的想法

型艺术博物馆（CAPC）的那次。那也是挺离奇的故事，因为，博物馆想要将《清单》上的物品买下来，那就得找到某个同意卖出自己所有东西的人。他们在报纸上发了一则消息。有一个打算离开波尔多的女人同意卖出自己所有的东西，她的信件、她的支票本，所有。我布置《清单》的时候，她不在，不过，开幕的时候她来了。她或许以为我是在所有人之中挑选了她，她开始给我写信……我没有选择她，那纯属偶然。后来，过了一阵子，我就不回信了。几年之后，我收到一封信，信中写道："波尔多的年轻女人有了一个小孩，她生活幸福，她想告诉您。"这样的结局挺美妙的。不过，大部分情况下，我压根不认识这些人。

格勒尼耶： 你完全不作假？

波尔坦斯基： 通常来说，不会，除了1974年在国家当代艺术中心的那次。那次是以安妮特的母亲为原型，缺少了几件家具，所以，我就买了几样东西，填充完整。

格勒尼耶： 可是，你也从来不会拿走什么东西？

波尔坦斯基： 不会，从来不会。有时候，我会将太私密的东西隐藏起来。比如，波尔多年轻女人的清单中，如果有一封信太过私密，我就会在信上面放一张照片。我尽量避免让这件作品变成窥视行为，这也会足够普遍和平淡，不会形成一个进行中的故事。比如说，牛津的年轻男子，他是天主教徒，这对一个英国人来说是挺奇怪的，不过，我让这件事情可被看到。在耶路撒冷做的《清单》中，那个人是同性恋，不过，这些痕迹没有被放在明显的地方。《清单》的原则在于，我不挑选人，谁都可以，尽可能是一个平淡的人。

《清单》的灵感，至少是它的最初形式，来自我在1972年完成的作品《弗朗索瓦·C的衣服》。在这件作品中，我展示了一个儿童所有的衣服。同一时期，我还完成了一件作品——《规则与技巧》（*Règles et Techniques*），我将自己当作一个研究儿童的人种学家。我当时的想法是，我早已经忘记了我的童年，因此，我处于一个寻觅者的位置，就像去部落中的某个人，我要求一个儿童——我的侄子——将他的文化教给我。作品是由这位儿童的四十多条规则和知识技巧组成的：如何做折纸母鸡、做弹弓、玩不同的游戏。那些橱窗也是专门化的，一个是给工作的，一个是给娱乐的，等等，包含了他在这些领域中所知道的全部：一架金属小飞机、一些画、一些作业……有一本小书将所有这些规则的摄影作品都汇集起来。这就组成了某种儿童文化博物馆，我将它放在索纳本德画廊展出过，还加上了四五个物件和摄影的橱窗。在这件作品中，我的兴趣在人种学上，不过，更多是对它的概念而不是将其当作方法，我也从来没读过什么。这个作品的基础是一个想法，后来我还再次用到，那就是我们每个人都背负着一个"死去的儿童"——我们的童年已经逝去。而且，

我一直挂念的想法

我们越是往前,越是会忘却这个"儿童"。关于这个话题,有一个我非常喜欢的故事:一对夫妇,他们有一个五岁的小女儿。母亲怀孕了,小女孩说:"等小宝宝生下来,我一定要和他说话。"小孩出生了,她又说:"我要和他说话。"她靠近小宝宝,父母们站远了听,他们听到她说:"给我说说上帝吧,因为我开始忘了……"就好像,婴儿们有我们忘却的知识,小女孩感觉她正在失去,她尝试将它找回来。当我和我的侄子做《规则与技巧》的时候,问题在于重新学习我已经不再知道的东西。我和一个小孩对话,为了让他和我说一说我早已遗忘的知识。

同一年,我做了一本小书,叫《我所有的摄影肖像》(*Tous mes portraits photographiques*),我用一些儿童照片来代表不同年龄的我。照片是安妮特拍摄的。照片里是在蒙苏里公园拍摄的儿童,始终站在同一个地方,摆同样的姿势。我则将照片贴上标记,"八岁的克里斯蒂安·波尔坦斯基",加一个日期,然后,"十岁的克里斯蒂安·波尔坦斯基",等等。我自己只在最后一张照片中出现,那也是一张假照片,因为它的说明是"二十岁的克里斯蒂安·波尔坦斯基",而当时我已经三十岁了。我想说的是,"克里斯蒂安·波尔坦斯基"不是某个特定的人,他是所有的小孩。这也是为什么我经常用我姓名的首字母,"C. B.",这就有一种更加同属的意义,不会关涉我的童年或者我的记忆,而是"童年"这一个普遍的概念。任何一个儿童都是克里斯蒂安·波尔坦斯基……我非常气愤别人说我的作品是普鲁斯特式的,其实,我是在反抗别人将我的作品认作一种自传。

有一件事情让我非常感兴趣,即从最个人化到最集体化的转变。普遍意义上而言,我认为一个艺术家的作品特点,就在于艺术家讲述的是他的村庄,而每一个观众都会说:"这是我的村庄。"我们所做的一切都是在个人和集体之间。艺术家发出某种刺激,观看者将这个画面占为己有,终结这件作品。你展示一个在海滩上奔跑的儿童,每个人都能认识这张图片,从自身经历出发,以不同的方式观看。有人会说"他长得很像我的侄子,在敦刻尔克的海滩上",另一个说"这是我的兄弟,在鲁瓦扬的海滩上"……图像在观看者那里终结。这就好比看电影,大家相邻而坐,不过,每个人所看到的电影都不尽相同。艺术作品必然只在讲述自我,不过,自我一点也不重要,自我成了每一个人。

有段时间,我会说到一个故事:艺术家是脸上挂着一面镜子的人,每一次有人看到他,那个人都会说"这是我"。我读过布莱伯利(Bradbury)的一篇短篇,在故事中,有一个孩子走丢了,有一天,他们在乡下散步的时候看到了这个小孩。他们很高兴,他们带着小孩回到城里,那些见到他的人会说:"看呐,那是我爷爷,我爷爷早死了!"……"那是我爸爸!"……事实上,这个小孩是一个火星人,他没有脸,他的脸就是他人的欲望、他人的遗憾。我认为艺术家就是这样。说到他,或者一个编造的

我一直挂念的想法

"他",他在说的是每个人,每个人都能从中认出自我。我总说这么一句话:"不去发现,而去辨认。"艺术不是为了发现,而是为了辨认。通过认可才能产生情感。人们心想:"可不就是嘛!""我知道这个故事。""他怎么知道我阿姨就是这样的?"

格勒尼耶:在这些阳光之下笑容满面的儿童中,你会看到自己吗?他们表现的正好是你没有经历过的?

波尔坦斯基:一直以来,所有事情都是我编造而来的,没有过任何真实的东西。我编造了一个标准化的、尽可能集体化的、没有半点特殊之处的童年。虽然我的童年是幸福的,可我的童年极其古怪,甚至比古怪更甚,我肯定为此感到痛苦,所以,那是表达一种对正常的渴望。很久以来,我一直说,我说这么多我的童年,就是为了忘记真实的童年记忆。我为自己编造了那么多的童年记忆,以至于我已经没有任何真实的记忆了。

格勒尼耶:那你没有想过利用这种古怪吗?

波尔坦斯基:没有。首先是因为我为此感到非常羞耻。我认为,等你更加强大了,你才可以利用它。不过,在那时候,我只有羞耻,这是一件让我不安的事情。很久以后,大概是在我父亲去世那阵子,我才开始说我是犹太人,到2002年,我才将我父母的照片嵌入一件作品中……

格勒尼耶：不过，不同于其他艺术家，你一直在谈童年。

波尔坦斯基：没错。不过，我说过我之所以谈论童年，是因为这是最普遍的经历。所有的儿童都去上学，都玩几乎一样的游戏，对大多数人来说，童年是最相似的时期。在这之后，人就有了不一样的发展。个人的差异、社会的差异在儿童身上比在成人身上会更少体现。

格勒尼耶：其他的艺术家，比如安妮特·梅萨热，谈论的是青少年、初恋、身份的构建，等等，那也是共同的体验。可你没有。

波尔坦斯基：我认为，出于心理或者别的原因，我曾经很难从童年中脱离出来，我有一种对成长的恐惧。当我开始长胡子的时候，我会把它们拔光！衰老的想法——或者更多是成长，而不是衰老——对我来说是恐怖的。离开我的父母是几乎不可能的事情。那时候，我既有脱离童年的恐惧，又突然明白到，无论我做怎样的努力，我也会成为成年人。所以，童年就这么结束和遗失了。与此同时，通过艺术，我还能观看它，让它活过来：我让另一个童年活过来。不过，说到底也就是一个童年。小克里斯蒂安已经"死"了，我已经不像他了，我也没有和他同样的想法了。不过，我知道他，他始终模糊地在那里，在我的记忆中，哪怕已经"死"了。我们第一次重要的死亡体验，就是我们童年的逝去。在某些人身上，这种死亡是更加缓慢的,那是青少年的角色向成年相对缓慢的过渡。我没有过任何青少年角色,我一直保持像个儿童那样直到十九、二十岁,所以,我受到的冲击尤其大。在那时候,我是否已经意识到了这些,我不知道,不过,那是真实的。

格勒尼耶:你相信艺术的本性就是能够保存童年的某些东西吗?

波尔坦斯基:我认为艺术是尝试阻止死亡,逃离时间……不过,艺术的形式有那么多!我喜欢将自己和贾科梅蒂做比较。在他完成的他弟弟或安尼蒂·阿尔姆(Annette Arm)的大量肖像画中,有一种捕捉生命的欲望。美妙之处在于他一开始就知道这注定是失败的。艺术始终是某种失败,是一场你赢不了的斗争。你试着停止生命,你看到非常美好的落日,尝试捕获它,不过,你必然抓不住它。你可以每天重新开始画你兄弟的肖像,可你不能让他不死。他会衰老,他会变化,肖像永远都不是他本人。在戈达尔的电影《随心所欲》(*Vivre sa vie*)中,有一段出自埃德加·爱伦·坡的某篇作品,非常美妙:某个人在画他妻子的肖像,他在肖像中添的红越多,他的妻子就越是泛白,而当他完成了肖像,凝视画的时候,他对自己说"这是生命本身",随后他的妻子就死去了。你什么也保存不了,不过,在某一些艺术家——不是所有艺术家——身上有一种和它玩耍的欲望,明知不可能也还是要尝试着做。可以肯定的是,我一开始所做的这些存档的工作,这一种保存所有事物痕迹的意愿，也表达出了这一种欲望，一种阻止死亡的欲望。

格勒尼耶：在你的作品和别人的领域之间，比如费里尼，你看得到亲缘关系吗？

波尔坦斯基：《阿玛柯德》（*Amarcord*）肯定是一部和我很接近的电影。它有另一种才华、另一种风格，不过，是接近的。有这么一种艺术上的传统，而在这个大家庭中，我尤其接近的是塔德乌什·康托尔（Tadeusz Kantor）。另外，费里尼的电影中我最喜欢《小丑》（*Les Clowns*），这部电影也更加接近康托尔。康托尔最重要的作品是《死亡班级》（*La Classe morte*），在这件作品中，一些老人背着一个死去的儿童行走。他的作品完全围绕着幽灵，那些居住在我们头脑中的幽灵。他让这些幽灵在滑稽可笑或者怪诞的形式中重新活过来。因为他是一个天才，那些幽灵既是他自己的幽灵，又是波兰的幽灵，大历史和小历史的混杂。这和我相近。他挺晚才来法国，大约在 1983 年，我发现了他的作品，那时候我去夏约宫（Chaillot）看第一场表演，就遇到了他。我非常自豪在我蓬皮杜的展览目录中有一篇他的文章。他和我非常不一样，因为我是一个现实主义者，而他是一个滑稽者、一个讽刺者，他的形象都是小丑。不过，同时，我能立即在他的作品中认出自己，而且他的戏剧是这世上我最欣赏的东西，也是我最想做的东西。比起任何一位造型艺术家，我

我一直挂念的想法

更成千倍地接近康托尔,那绝对是我的世界。

格勒尼耶:我们说说当代的艺术家。比如说,你对格哈德·里希特的作品是怎样的情感?你觉得自己和他的作品相近吗?

波尔坦斯基:当然,深入骨髓!在他的作品和我的作品之间有一些联系,至少早期的作品是这样:使用家庭照片,画面发虚……在人们的观念中,里希特如圣人一般。基弗,他画了一些我非常喜欢的画,却通常被他人认为掉落到简易和时髦之中。里希特虽然做了很多挺糟糕的巨幅抽象画,但他还是懂得保留纯粹观念的一面——这是一种聪明的表现。在1973年或1975年,他在威尼斯展出了一件从字典中抽出来的肖像系列作品,和我的某些作品相近。那时候我已经完成了《米奇俱乐部》,在他的那件作品展出之前,相隔不是太久。不过,当作品之间有一种亲近关系的时候,我们从来不知道这是一种影响,还是我们在他人身上认出了来自同一个源头的东西。我认为,从根本上说,我和里希特的这种联系来自汉斯-彼得·费尔德曼(Hans-Peter Feldmann),他影响了里希特,或者他们至少也是同一个"家庭"的,而且我和这个"家庭"有许多的相似之处。费尔德曼的一本关于山峰的书和里希特的山峰绘画非常接近。另外,费尔德曼早期的一些小书和我的作品也极其接近。有时候,他在我六个月后完成;要么,我在他之后六个月做了一件类似的作品。这不是谁抄袭了谁，而是我们真的在同一个世界中，形式各异。

格勒尼耶：那时候，你认识他吗？

波尔坦斯基：我应该是从 1972 年起看过他的几本小书，不过，我在很久之后才认识他。他是我非常喜欢的一个人。我们的作品是相近的，不过，有一些小差别，他更多是以来自大众文化的图像做作品，比如足球运动员的小幅图片。不过，有一些系列是非常接近的，比如衣服的系列，我们几乎是在同一时间完成的。他身上有意思的，是他不想做作品的方式。另外，埃德·拉斯查肯定也对我有所影响，他是第一个制作了与我的小册子类似的小书的艺术家。我应该是在 1971 年到 1972 年左右看到他的小书，之后，我也很快开始制作小册子。"家庭"之间的相遇就是这么产生的，与其说是影响，倒不如说是气候。拉斯查的书和我的书是不一样的，不过，做小书的这种趣味将我们拉到了一起。另一个影响我的艺术家是保罗-阿尔芒·热特，他是一位关于书的大家：他非常喜欢书，做过一些非常漂亮的书。我们所做的书与 60 年代艺术家的书非常不同，他们用非常漂亮的纸，印一百册，卖得非常贵……我们更多是做非常便宜的东西，可以重印，不带签名。在 1970 年到 1980 年间，这些小书有了巨大的发展。这一种趣味也是和激浪派联系在一起的，以及独自传播作品的意愿。我总是这么对我的学生们说，工具得自己来造。书是一种不贵的工具，它让作品存在并且传播作品。我所喜欢的，就是它们像海上的漂流瓶，散发到世界各地，不久之后你还能重新找到……

格勒尼耶： 初版书通常非常抢手和昂贵，你的书情况是怎样的呢？

波尔坦斯基： 我尝试过抵抗这种现象。十几年前，我再版过我的书，和最初的版本几乎一致。它们被收录于一个柯尼戈（Koenig）出版的黑盒子中，我还特意做了一些一模一样的复制品，让别人分不出初版。不过，因为善良或是软弱，我在几本书上签了名，甚至有时候还签了一些限量本，因为那样能够赞助出版，所以有些书还是挺贵的。

格勒尼耶： 回到《清单》上来，你在法国完成的第一件《清单》是在1974年，贝里耶街的国家当代艺术中心的那个吗？它的接受情况如何？

波尔坦斯基： 我觉得它还是挺受欢迎的。事实上，当时我和莫诺利一起展出。他受邀到国家当代艺术中心做一个展览，不过，对他来说那个空间太大了，别人便让他推荐一位年轻艺术家，他邀请了我。我有三个展厅，不过，主体是莫诺利的展览。他展出了一系列互相粘贴的图像，有点像图像字典。这就和我的《清单》有了一种关系，两个展览互相呼应。

第六章
砸　破

波尔坦斯基：我真的认为自己是一个表现主义画家，不过，我被我艺术所产生的环境困住了。我是在极简主义和概念主义时期开始艺术创作的。我明白，这就是当时最有意思的东西，我尽可能将我身上所有的表现主义都抹除掉。我将我的艺术永久"冷冻"起来。不过，我整个作品是表现主义的，是"冷冻"过的，这或许是一件有益的事情。不然，就像俄语所说的"你吐口痰还把它给抹平了"，那样就太过了……一开始我主要的词汇就是极简主义的。《重构试验》中是一些表现主义的物件，不过，我所用到的抽屉是太平间的抽屉，这会让人想到唐纳德·贾德（Donald Judd）。它是极其冰冷的、机械的。极简主义成了我的词汇，就像一位生于1795年的艺术家会有他自己那个时期的词汇一样。只是，我的性格极具表现主义，甚至越来越强化了。我所喜欢的是表现主义艺术，是呐喊的艺术——换作二十年前，我可能不敢这么说……我不知道这种事情怎么传续的，不过，我的艺术确实和中欧

砸破

传统相连。这是一个谜,即使我父亲是乌克兰血统,也毕竟是一种我没有经历过的传统,在我的作品中没有这一类的圣像或物品。不过,我最初的绘画非常接近圣像,我的整个艺术也和中欧有非常强烈的关联。

格勒尼耶:你还经营过一家意第绪绘画的画廊……

波尔坦斯基:没错,或许就是这么来的!这些东西肯定不会通过血缘传下来,肯定是通过一种朦胧的文化,或许是我偷偷看过的关于我祖先的国家的图像,我也无从可知。

格勒尼耶:在那个时期,面对《清单》或者你其他的作品,大家将它们看作批判性、理论性和概念性的作品,抑或一件情感化的作品?

波尔坦斯基:奥托·哈恩(Otto Hahn)对我说过一句让我非常震惊的话:"你,你就是一个新的夏加尔。"以前,我将这句话当作一种侮辱,不过,现在我觉得他并没有完全错。我还年轻的时候,大家都觉得我就是个疯子!我非常怪异,而且他们更多地将我的作品看作原生艺术,而不是概念作品。不过,也别过于夸张了:勒·加克是原生艺术的对立面,他是一位文人,看书很多,思考很多,而他是我的朋友之一。我很快就进入了索纳本德画廊……不过,当时我被视为特殊的个案。更何况,还有让·克莱尔在《活艺术》中促进了人们对稍处边缘、与文学相关联的画家们的关注……史泽曼在 1972 年的文献展上集合起来的画家，或许换个环境，就被当作疯子了。史泽曼谈论过"个人的神话"，这是一个对我影响极深的概念。所以，当时有这么一种边缘艺术家的潮流。"当态度变成形式"（Quand les attitudes deviennent formes）是一场概念化的展览，不过，在这之后，史泽曼再也不对概念化作品有直接的兴趣了，他的兴趣转向了"边缘人"。他真正捍卫过的艺术家，从马里奥·梅茨（Mario Merz）到（他非常喜欢的）艾蒂安娜-马尔丹（Étienne-Martin），都不是概念艺术家。他有一种反对形式主义的立场，他关注有自己的故事、自己的神话的人物。或许我就是这样的，也多亏了他，我才算找到了自我。他让我明白了这一点，他让我接受了自己与众不同的一面，而不是必然地去适应一个形式的模子。

格勒尼耶：《清单》还在纽约展出过……

波尔坦斯基：没错，当时我要在纽约索纳本德画廊做一个展览，可我还不知道该做什么。我想到做一个新的《清单》，这就需要找到在纽约的某个人的家具。等我到了画廊，我才知道他们什么也没找到。我几乎没有任何别的东西，我整个人都疯了。画廊经理就告诉我，他有家具仓库的钥匙，里面放了伊利安娜·索纳本德（Ileana Sonnabend）和雷奥·卡斯泰利（Leo Castelli）离婚时候的所有东西，他建议我将这些东西拿来用。我在画廊中做了一

砸破

次《清单》,取名为"纽约的女人"(La Femme de New York)。伊利安娜在展览开幕前两个小时来到,她痛骂了我一顿!虽然我已经将所有可能表明身份的东西都藏了起来,可她看到自己的生活在她的画廊中平铺开来,还是处于隐隐的怒火之中。我在这次展览中展出了三个装置。《清单》放在最大的展厅;第二个展厅是《D家庭相册》;第三个展厅是以《侦探》杂志为基础的作品。

格勒尼耶: 你定期在美国展出吗?

波尔坦斯基: 在纽约索纳本德画廊的第二次展览中,我展示了《幕间喜剧》(Saynètes comiques),那是一次轰动性的失败。第三个展览作品《摄影组合》(Compositions photographiques)是一次更大的失败。最后一次是我在哈佛完成的《日本花园》(Jardins japonais),用宝丽来相机完成的作品,不见得有多成功。这些展览没有任何的批评和销售,这在美国来说是非常罕见的……

格勒尼耶: 毕竟从1973年起,你的作品就在美国展出了,从你的艺术生涯上来说算是非常早的。

波尔坦斯基: 没错,索纳本德夫人就是那么不可思议!1973年,我参加了古根海姆的一个群展,三个月后,我在她的画廊做了一个展览。她在自己的画廊为一个非常年轻、毫无名气的法国人办展览,这非常大胆。不过,那些展览的组织条件,换在今天是不会有人接受的。我要在冰岛转机，因为机票更便宜。来到纽约，我坐的是公交车，为了省出租车的钱。她还让我们住一间狭窄的用人房……今天，一个艺术家不敢想象，在纽约的大画廊会以这样的条件来做展览！那是一个非常独特的时期。

格勒尼耶：在《清单》之后你完成了《幕间喜剧》……

波尔坦斯基：没错，我想造出一道裂口。在此之前，我做了《D家庭相册》，然后是《清单》，等等。这些作品是成功的，大家觉得这么做是对的，他们给我贴上了"普鲁斯特"的标签。但我对这个标签深恶痛绝。在1974年，我就做了《幕间喜剧》，为了说明"这一切，不过是一场玩笑……"，我试着将事情搞砸，为了抵抗这种怀旧，割断我与团体的关联。我不再认可冈特·梅肯的"痕迹"，我感到某种彻底的厌腻，我想逃脱。《幕间喜剧》的起源有好几种影响。雅克·戈蒙，他有一股好奇心，很长时间里，他向我说起吉尔伯特和乔治。他家里有这两个人的蜡像……我开始对这一类作品感兴趣。我在卡塞尔文献展上认识了戈蒙，他在法国拥有特殊的地位，因为他不是一个传统的批评家，他是研究杜尚的专家，他和艺术家们拍电影，他向法国输入了一股有点史泽曼式的思想。之后，在1973年或1974年，梅肯带我去歌德学院（Institut Goethe）看了卡尔·瓦伦汀（Karl Valentin）的电影，我非常喜欢。我想砸了自己的风格，我说："我不是你们以为的那样，你们信以为真的那些故事——我的童

砸破

年，我四岁穿的袜子等——都是假的，那是逗你们的。那都是编出来的东西，我会将它们改为滑稽表演来向你们证明。"戈蒙此前和吉尔伯特与乔治拍过一部电影，他想和我也拍一部。我想到了讲述自己的童年，因为那是我的"标志性符号"。不过，方式换成了小丑的方式。我从卡尔·瓦伦汀身上借用了小丑的原型，我还想到了用腹语者的形象，将我的成人形象和"小克里斯蒂安"人偶一分为二，搬到台上，两个角色都由我主演。我在玩具店买了一只腹语术玩偶，也就是一个铰接上的脑袋和一个套上小毛衣的磁带录音机。然后，我在百货商店买了一些儿童服装来制作身体。我可以将手伸入衣服的内部，让嘴巴动起来。至于电影，我早就构想好了一些很蠢的小故事……几乎在同一段时间，我在国家当代艺术中心完成了《布瓦-科隆布女人的物品清单》（*L'Inventaire des objets ayant appartenu à une femme de Bois-Colombes*），不过，我对《清单》失去了所有的兴趣。在这之前，我还做了一本完全独立于展览的书——《一些姿态》（*Quelques Gestes*），在书里头我扮演成小丑。之后，我被邀请参加波尔多当代艺术美术馆的展览，由让-路易·弗洛芒（Jean-Louis Froment）组织，展览名为"为了记忆"（Pour mémoire）。因为我讨厌这一类"哭哭啼啼的记忆"，我同意参加展览的初期准备，不过，当它被放到拉罗谢尔（La Rochelle）展示的时候，我将我的作品撤了回来，我宁可在城市的花园中给小孩子们做一场表演。我带着小克里斯蒂安玩偶上

《幕间喜剧》，1974 年
克里斯蒂安·波尔坦斯基与玛丽安·古德曼画廊（巴黎/纽约）惠允

砸破

台去做了这场表演。我对着小克里斯蒂安说话,按下一个按钮,它就能回应我的话。那是我自己和自己说话。我有一个小克里斯蒂安的故事,在它身上发生了一件非常奇特的事……它原本是有浓密的头发的,跟我一样。等我不再用它,我就将它放到父母家的地窖了。十年多后,我重新找到它,它已头发全无。它几乎和我在同一段时间掉光了头发!今天,它被放在慕尼黑的卡尔-瓦伦汀美术馆,它再也没有头发了……

此前,我在跳蚤市场找到了一本小册子和一个为儿童节庆服务的小丑相片集,我收获了许多灵感。我最后做的《邮寄》之一,就是一本小册子,我推销自己的服务,在下午点心时间搞气氛。那是可怜又可悲的小丑的诗歌,他马上要去给小孩子的节庆活跃气氛……在这个人物的基础上,我就有了实现《幕间喜剧》的想法,我自己在还原照片的实景中表演这位艺人一些优秀短剧。在这之前,还有明斯特博物馆邀请我去做一个展览,我就想到从这个虚构人物出发组织起某种小丑博物馆。在明斯特的展览包括了《幕间喜剧》和这位艺人做节目用的所有道具。这位小丑做过三四个表演,然后,有人建造了他的博物馆,就像在慕尼黑有卡尔-瓦伦汀美术馆一样。展览的形式有点类似于《清单》,道具被放在橱窗里,还有一些海报、他的一些签名摄影作品、他所使用的物件、我绘制的《幕间喜剧》的背景,小克里斯蒂安玩偶被放在了正中央。好玩的是,馆长克劳斯·霍内夫邀请我的时候,他万万不曾想到让我来展示这些东西，他想象的是一件"旧日情怀"的作品……这个展览后来还去了别的地方，在斯图加特（Stuttgart）展出过。在那里，我重做了《幕间喜剧》这件作品，是彩色的。

格勒尼耶：为什么做那些彩色粉笔海报呢？

波尔坦斯基：我想要做一些像图卢兹·罗特列克（Toulouse-Lautrec）的东西，"1900喜剧"传统的那种，就做了以彩色铅笔重新上色的相片。在公主街有一家公司是做这些便宜海报的，我将我的小照片放大，然后在上面重新绘画。

格勒尼耶：还有一张磁碟……

波尔坦斯基：那张碟是我自己唱一些摇篮曲的录音，早在做海报之前就做好了。在那时候这张磁碟被重新用上了，我还做了一些手绘的纸袋。在这位艺人的故事中，好玩的地方是，有整整一套和他相关的物件和资料。我几乎完整地创造了一个虚构的小丑人物。

格勒尼耶：《幕间喜剧》是虚构的，不过，毕竟你动用了某些童年记忆？

波尔坦斯基：没有，它们是彻底虚构的，而且非常"老套"。我非常钦佩大象巴巴。巴巴的故事是这样的：父亲是恶狠狠的，爷爷溺爱他，小孩子们都去上学……正

《开玩笑的人》,1974 年
"幕间喜剧:海报计划——克里斯蒂安·波尔坦斯基"
克里斯蒂安·波尔坦斯基与玛丽安·古德曼画廊(巴黎/纽约)惠允

如《D家庭相册》,它所描绘的生活是最"平常"的生活。比如,我的祖父母一辈,我只认识我奶奶;不过,在短剧中,没有奶奶,只有一个爷爷。所以,这确实是非常虚假的。一切都是彻底的编造,围绕一个共同的童年,有时候还有一些我觉得挺好玩的,隐约的精神分析暗示。比如,我从浴室的钥匙孔偷看母亲洗澡,又或者,我在海滩上发现了一件下流的东西而狂叫一声……

格勒尼耶: 那服装呢?

波尔坦斯基: 那时候我还没考虑到,不过,它们都属于犹太人的戏剧传统。甚至那个时期的一张照片,由安妮特修改过,她给我做了些闪光处理!这也是传统,包括卓别林,丑丑的戏剧,脏脏的旧礼服……那时候我还不知道康托尔,我还没去过波兰。所以,在中欧有这种参照是挺奇怪的。它就在那儿,几乎是以不知不觉的方式存在。再说,安妮特重新修改这张照片时,我并不满意。我不太喜欢别人拿这些东西来玩。

小丑的时期没有持续太久,一年半至两年。1975年,我再次决定砸破,做《典型图像》(*Images modèles*),重新用上相片集的概念,不过,这次是彩色的照片,也就是不美的照片。我明白,一张黑白的图像始终是美的。一切失去使用价值的东西都会变得好看。《典型图像》模仿的是"漂亮"照片,摄影俱乐部的那种,还用上了这种漂亮相片的经典题材,也就是好看的儿童、漂亮的花丛、裸

砸破

体的女人、一匹马，等等，所有这些老套东西。在拍摄这些照片之前，我去参加了柯达摄影年度大奖的评选，我受教良多。还有一点有意思的，就是在这个作品中我展示了自己真实的生活：照片中有贝尔克沙滩、安妮特、我的妹妹……那是真实的相片集，不过，更虚假，因为它受制于这种唯美主义，一种故意"低下"的唯美主义。我在索纳本德画廊用这些《典型图像》做的展览叫作"照片"（Photographies），末尾带一个"s"。每一张照片都像一幅画那样挂在墙上，互相间隔很远，而且独立销售。我记得有一篇文章说道："波尔坦斯基疯了，他以为自己是一个好摄影师，可他做的东西实在可笑。"当然，这里头有非常挑衅的意味，自然，我也一张都没有卖出。我甚至从来没有单独卖出过这些相片中的任何一张。不过，有意思的地方就在于，将他们独立销售，是因为这些都是漂亮的照片。不过，没人敢在自己家中挂一张一束花的照片。现在，因为有了杰夫·昆斯（Jeff Koons），这一切都有可能了。不过，在1975年，这是绝对不可能的。对于那些将我看作一位怀旧的、普鲁斯特式艺术家的人来说，我成了彻头彻尾的疯子。

格勒尼耶：那个时期的人能察觉你作品中的一点幽默吗？

波尔坦斯基：这倒有点复杂，因为，我认为这当中不是真的有幽默，而是某种嘲讽。我认为，说一句在今天永

《典型图像》,1975 年
克里斯蒂安·波尔坦斯基与玛丽安·古德曼画廊(巴黎/纽约)惠允

砸破

远不应该说的话，那就是我的作品没有幽默。《幕间喜剧》更多是关于悲剧的。我做这件作品不是为了取乐。这件作品是关于人类的处境，是小丑的概念，但不是小丑逗乐的概念。它有嘲讽的意味，有作品自身毁灭的想法，有不完美的、失败的和不断重来的作品概念，可它没有幽默。我认为我是非常严肃的。

格勒尼耶：甚至没有犹太人的幽默？

波尔坦斯基：没有。当然嘲讽是犹太人幽默的一部分。如果你想，我们可以将《姿态重构》(*Reconstitutions de gestes*) 和《幕间喜剧》看作幽默。看一位二十八九岁的先生装作儿童，玩滑梯、吃糕点，等等。不过，我不懂所谓的"幽默"……事实上，这当中是有一种距离的，更多是一种悲剧嘲讽的幽默。

格勒尼耶：你的精神形式不是挖苦的。

波尔坦斯基：我对挖苦避之不及，我最憎恶的就是挖苦。我在《幕间喜剧》中没有半点挖苦，那是一种挑衅式的玩笑，同时是对我童年的怀旧。在我的作品中，没有任何逗乐，或者粗俗的挖苦，或者这一类小丑把戏……我不喜欢挖苦的地方，并非这一种喜剧形式，而是它内在的距离感和鄙视。对我来说，挖苦是无信仰的表达：毫无信仰的事实、善与恶的平等，一切无差别，一切都有价值的这种感觉。任何事物都不重要，所以，我们高于那些相信善恶有别的人，我们以一种鄙视的距离对待他们。对我来说，挖苦是我讨厌的法国人的特点之一，这是对他人的不尊重。我非常喜欢滑稽，卡尔·瓦伦汀、查理·卓别林，在我的作品中也有一种幽默，不过，是一种令人悲痛的幽默，从来不是聊以取笑的。

第七章
漂亮的照片

格勒尼耶：你最初做摄影作品的时候，谁是摄影师？
波尔坦斯基：最开始，因为我和萨尔基是非常好的朋友，我请他拍摄第一本书《姿态重构》的照片。之后，所有的摄影都由安妮特来做，《十张摄影肖像》(*Dix Portraits photographiques*)《C.B.的相册》(*L'Album de photographies de C.B.*)，以及所有的《幕间喜剧》……不过，她的"身体上的绘画"(dessins sur le corps) 的拍摄是我来完成的。我们互相帮忙。不过，这些摄影既不算她的作品，也不算我的作品。在两种情况下都会有清楚明白的标注，对于拍摄的人来说，可供发挥的空间很小。后来，《典型图像》的照片都由我自己拍。我有一架不错的照相机，我是真的尽可能拍最漂亮的照片。我不算太有天分，不过，我还是拍了上百张相片。我选择了彩色照片，为了打破"高高在上的"艺术家形象，为了做一名"低下"的艺术家。相片规格保持一致，30厘米×40厘米，都粘在木头上，参照摄影俱乐部，或者街区摄影师的橱窗。这些都是和我的隐私有关的相片，有许多是假日的照片，我选择了"漂亮照片"的典型题材。我是从某种观察出发的，我做《D家庭相册》的时候，我观察到家庭相片并不反映现实，而是表现预想的典范，仪式性的家庭典范。

这些图像的源起，或许来自和克劳斯·霍内夫的交往，他对摄影的兴趣非常大，尤其还要加上我哥哥吕克和布尔迪厄关于"一般品位"的思考，这是他们在很早以前出版的一本关于摄影的著作中所讨论的。我当时受到这种很"布尔迪厄式"想法的影响，认为艺术爱好者们想要的和富人一样，就是区别于穷人。如果某个事物在穷人之中是"高等的"，它在富人之中就肯定是"低下的"。他们不能喜欢莫迪利亚尼（Modigliani），因为穷人们喜欢莫迪利亚尼，这也是为什么他们不喜欢毕加索蓝色时期的作品。所以，我们总在追求突出自我，而这决定了美的标准。确实，在18世纪，大家喜欢又胖又白的女人，因为这说明她们有得吃有得喝，不用去田地里干活。在20世纪60年代，大家喜欢晒成古铜色的瘦削女人，因为"古铜色"说明她们有条件去晒太阳，"瘦削"说明她们吃得起一些昂贵的食物，比如牛排……就好比今天有一辆自行车比有一辆大轿车要更高级，因为有自行车意味着你住在城中心，而且你有时间，然而，随便哪个穷人都买得起一辆大大的二手车，比如十年前的梅赛德斯。根据这个原则，我们的品位希望能有别于普罗大众。这些都是在当时非常流行的观点，既是对的，又是错的，总而言之，今

漂亮的照片

天我已经不再认同了。这是一种太过简单的提纲——不过，事实上，布尔迪厄所说的比我刚才所说的更复杂，我还没有读过他的著作。所以，我思考在索纳本德画廊这种富人阶层的地方展出什么会最让人震惊，那无疑是这些一般趣味的"漂亮"相片，还需假装天真，对外宣传这些是特别漂亮的相片，是我克服了重重困难才做出来的……某种杜尚式移位，不过，它跟艺术不相关，更多是和社会阶层有关。确实，这个展览非常非常糟糕。展览没有成功，因为本就不该成功。

在画廊展出之前，这些相片只在波恩（Bonn）展出过，在我和安妮特的联展上。我展出了《典型图像》，她展出了《图释幸福》（*Bonheur illustré*）的绘画。这是我们唯一的一本共同画册。后来，我们被邀请到威尼斯参加"威尼斯双年展——斯杜奇磨坊"项目。斯杜奇磨坊是一座19世纪的高大建筑，他们想将这个地方做成一个文化圣地，而这次的展览是双年展的一次首创，邀请艺术家们思考这个地方的用途所在。我和安妮特共同完成了一件作品，《在威尼斯的蜜月旅行》（*Voyage de noces à Venise*），安妮特做了《幸福绘画》（*Dessins du bonheur*），我则拍摄了类似"蜜月旅行"的典型图像，有一些裸体的人，有鸽子，有威尼斯轻舟……我们在威尼斯度过了八天时间，做了所有蜜月旅行应该做的事。这始终对应了以"一般品位"为主题的创作——现在看来是不可接受的！《典型图像》的出发点是我们只会拍摄自己知道的东西：我们在头脑中早有一个模范，我们尝试获得在这个美学模范中所看到的东西。在一般人眼中，威尼斯是一幅油画，他们去那儿是为了带回来他们已经熟悉的相片。因为主流的模范来自19世纪下半叶的油画，从马奈、雷诺阿等人的作品而来，所有的摄影爱好者都是从中汲取灵感。幸好，《典型图像》计划并不只有这些，因为这当中还有我终于谈及自我的事实，我展示我的生活、我的朋友。所以，我所展示的是我真实的相片集……

格勒尼耶：在威尼斯以前，你和安妮特·梅萨热没有过一起创作的想法吗？

波尔坦斯基：没有，一点也没有。首先，我觉得自己以前是有点大男子主义的，现在也还是。其次，我们当时非常希望区分开各自的活动。我们有一些极度严苛的规则，她从来不去我的工作室，反之亦然。我不知道她读什么书，我从来不去参加她的展览开幕式。这些是非常清晰的规则，早早就定下了。在那段时期，和一位艺术家生活，当一位艺术家，都是极度困难的。所以，一开始，在我们的活动之间就有这种彻底的分离，这确实是故意为之。

格勒尼耶：你们从来不使用同样的材料、同样的画框？

波尔坦斯基：没错。每个人都有自己的空间。尤其是在那个时期，我的个性有点乱耍一通，很注重当下，不容易对付。我们几乎不请任何人来吃晚饭——我从来没有邀请过国外的馆长到家里来，这是一条规矩。相对地，我们有共同的朋友，艺术家朋友，比如萨尔基。我们还时不时在一起做展览。不过，总体而言，我们的艺术生活是完全分隔开的。在那段时间，而且是很长的一段时期里，我每天早上大约10点离开，大约19点回家，我的工作室在别的地方。今天也还是这样，我从来不进入她的工作室，也不进入她的其他私人空间，我也没有钥匙，我不知道里面在发生什么事情。

格勒尼耶：这样可以保证你们之间不会互相影响吗？

波尔坦斯基：我认为，我们只受到微小的相互影响。不过，我们是同一个年代的人，我们分享着同样的整体影响。安妮特确实向我展示出了道路，一开始，她对我有过很大的影响。我肯定也对她有所影响，正如我肯定也对同一个年代的其他艺术家有过影响，不过，仅此而已。我认为我们作品真的差别挺大。

格勒尼耶：有过因为避免做同一件事情而产生的"反作用"效果吗？

波尔坦斯基：确实，每个人都尝试不去触及对方的领域，甚至对方所用的材料。我们的作品有非常深层次的差异，在做的方式上，在思考的方式上。安妮特不是乐观的人，不过，她没有对"致死"的迷恋。我们和世界的关系是非常不同的。在她的作品中，她一直追求一种更加庞大的轻盈表现，而我这种"老渔夫"的面貌更多是让她失望。无论如何，我们一起旅行，一起交谈，有些事情是可以传达的。不过，在作品中，我不知道她是不是与我最相近的在世艺术家，虽然我不这么认为。我认为这种距离是一种真实的需求。她对我说她的作品，我也对她说我的，不过，通常是在这件作品几近完工，已经确定的时候。总而言之，艺术家之间的互帮互助是少之又少的，成为艺术家完全是一个个人的决定。我们可以获得帮助，不过，是以完全间接的方式。可能你和某人谈论别的事情，反而对你有所帮助。不过，你不能接受建议，或者说，建议是非常难以接受的。

格勒尼耶：比如，像装裱这一类的问题呢？

波尔坦斯基：有时候安妮特会在我作品上墙的时候来给我一些正确的建议。与此同时，艺术家的自我那么强大，如果有人太直接地对你说某些事情，你会不自在。这是一项非常孤独的工作，我们很难进入某人的作品中去帮助他。我总是会把事情搞得太过，安妮特有时候会对我说："别太过了，往回收一点。"然后我就照做了。不过，我不认为我们能帮助一位艺术家。在特吕弗的《日以作夜》（*La Nuit Américaine*）中，有一段是我非常喜欢的：别人给这个人提供了两把用于决斗的手枪，他必须选择给让-皮埃尔·利奥德一把。然后他说："我们的选择必定是偶然的，不过,我们应该选择。"我们不知道为什么他选择了这一把而不是另一把,不过,一个艺术家的角色就是做选择,而且是一个人做,然后说出:"这把手枪是好的,另一把是糟糕的。"不过,我们都不太明白为什么……选择的难题是一件怪事情。我做摄影作品的时候,经常在两张有待选择冲印的照片之间犹豫,整整一个星期都无法下定论。所以,我就将两张相片都带去冲印室,别人就会问我:"我们冲哪张照片呢?"于是我就做出了选择。我只有在人前才能选择,而且非常迅速。在这之前,选择任何一个都是没有理由的,两个都一样好——或一样坏……

格勒尼耶:你不需要别人肯定你的选择吗?

波尔坦斯基:我不喜欢安妮特在我布展的时候来看我的展览。首先,我害怕她的评价,而且还是正确的评价。我认为那是我的东西,就该由我来做,要是做错了,那就是错了。如果某个你信任和看重的人做了一个评价,这可能会毁了一切。我从来不向任何人问任何事。我最亲密的朋友是让·卡尔曼(Jean Kalman),我和他一起做戏剧。我能够和他一起工作,因为他不是艺术家,他工作的领域不是我的领域,这也就意味着不会有任何嫉妒或者怀疑。他可以给我意见,有些时候不一定是好的——他在艺术上是反动的——不过与此同时他能给我一个完全不同的视角。

我永远也不会想到问贝特朗·拉维耶的看法,他是一位亲近的朋友,是我非常看重的一位艺术家。他的世界和我的世界相距甚远,而且,我之所以能和他做朋友,也是因为他的作品和我的作品没有任何关联。接受建议是极度困难的事情,不过,和人交谈是有意思的。对我来说,和我哥哥吕克谈话非常有益,不是为了解决某些形式问题,是因为谈话会推进思考,而其他人通过阅读来实现思考。我所有的知识都是口头的,所以,一切都通过和人的见面来完成。经常,某人和我谈到一个与艺术毫不相关的话题,却让我想通了我作品的某些方面。所以,我生活的大部分时间都用来和人聊天,语言对我来说确实很重要。

格勒尼耶: 我们回到你的摄影作品上……

波尔坦斯基: 我做了大量的"典型图像",至少有两百张摄影作品。因为没有人想整套买,我就分成两个系列卖了出去,一个是卖给蓬皮杜中心,一个卖给罗什舒阿尔博物馆。在《典型图像》这个线索中,我接着创作了《柏林的儿童》(*Enfants de Berlin*)。我当时在柏林,不知道该做什么,我想重做《米奇俱乐部》。于是,我要求到一所学校去给儿童拍照。或许是因为在柏林,我在拍摄的过程中,有一种感觉,是我在"杀儿童"。他们排成队,等候着,我则一个接一个地给他们拍照……我感觉他们在等待着"枪毙"。他们排队等待,加上我语言不通,不和他们说话,更加强化了这种感觉,即"拍摄某人就是杀死某人"。

漂亮的照片

格勒尼耶：你没有即刻探索这种感觉，在后来的作品中才看到你对犹太人大屠杀的映射。

波尔坦斯基：我产生这个想法的方式是非常精准的，不过，观众们没有想到，因为那些是他们孩子的彩色相片，是《典型图像》的一部分。我在柏林还拍了许多动物园、森林的照片，所有照片都以同样的方式装裱，儿童的照片也没有特殊之处。这是我第一次拍摄人，我没有试过以这样的方式拍摄人，在《典型图像》中有几张人物照，不是像模特被拍正面照那样。在《柏林的儿童》中，不存在任何心理层面，所有照片都是以同样的方式拍摄，非常快，一张接一张。

在这之后，我做了一件更好的作品，《摄影组合》，全是正方形的大张摄影作品，黑色的，有点像巧克力盒盖子。根据这个新系列的作品，我尝试越过相片集去考虑"漂亮相片"的其他类型，比如说，巧克力盒子上有一些漂亮的图像，要么是绘画作品，要么是摄影作品的复制品。因此，我做整个系列的图像，都是在黑色背景上，介乎丑丑的广告摄影和艺术摄影之间。我在我的工作室搭好布景，然后就拍摄。其中有一两张是我挺喜欢的，有一张类似于"意大利餐厅菜谱"——有一瓶西昂蒂葡萄酒、一瓶橄榄油……另一张有点像"老魔法书"，一本旧书、一个插满蜡烛的烛台和一瓶干邑……我是在一个小摄影师那里冲印的，在勒克莱将军大道，那是安妮特和我都会去的一家摄影店。后来，有一天，那个摄影师跟安妮特说：

克里斯蒂安·波尔坦斯基可能的生活

"听我说,您的丈夫以为自己是一个摄影师,还以为自己会成功,他在我这儿花了好多钱,不过,他做的东西很糟糕,他永远也做不成呀……"他心里想:"可怜的家伙,一定要告诉他,他花销那么大,可他的东西是卖不出去的!"

后来,我还做了许多摄影系列,重新用上多少算作经典的作品类型。比如说,我制作了六张不同菜式的摄影系列——一道腌酸菜,一道蛋黄酱鸡肉冷盘,一道牛排……背景是彩色的,效果有点像在自助餐厅看到的图片。那是对漂亮照片的探索,不过,它也绝对让人犯恶心:我们看到的鸡肉冷盘是一只老母鸡,诸如此类。我还做了一些正方形的,更大,长宽有一米多,我想要实现真正绘画的效果,遵循静物画的传统,虽然大部分物品和儿童游戏相关,和玩具组合有关。我拍摄了几张无人的大幅风景——卢森堡公园的摄影,诸如此类属于风光摄影传统,以花丛作近景。还有一个系列我也挺喜欢,是三十来张花朵的方形摄影。它们在1977年第六届文献展展出过,我拿了四件作品去,两张风景和两张暗黑背景的摄影,不过,毫无反响。我认为,所有这些作品都是有意思的,这背后有一股力量。从这开始,我就改变了方向……

格勒尼耶:在1980年,当整个德国摄影发展起来的时候,你的反应是什么?

波尔坦斯基:我被吸引了。这些摄影师和贝歇尔

漂亮的照片

(Bechers)夫妇，与极简主义有联系。他们真正的发现，是一件摄影作品在墙上的重量。在此之前，摄影和绘画的巨大差别就在于，摄影是凑近去看的，更多是在一本书中，而绘画是站在远处看的，挂在墙上。他们第一次懂得了赋予一张摄影和一幅绘画同等的厚重感。我用自己的几张摄影这么做过，就和贝歇尔夫妇所做的一样。他们将观看者更多地置于一幅画面前，而不像在一幅摄影之前。所有的设置，放大、白边、装入大画框，都起了作用。

格勒尼耶：你是在做《柏林的儿童》的时候认识了贝歇尔夫妇吗？

波尔坦斯基：我知道他们的存在。我不认为他们对我有过影响，不过，我很早就认识他们了，通过索纳本德画廊。在那个时期，我对他们的兴趣并不大，因为他们的作品太冰冷了，不是我所接近的题材。对我来说，他们的德国艺术史的一面和我有些脱节了，那么地严肃。不过，我认为他们的贡献是非常重要的。总而言之，在那个时期，艺术家摄影的诞生，吉尔伯特和乔治、贝歇尔夫妇和我自己都参与了，而且它的诞生确实是一道分界线。贝歇尔夫妇和卡尔·安德烈（Carl Andre）的联系，比贝歇尔夫妇和杜瓦诺（Doisneau）之间的要更多。

格勒尼耶：在这个运动中并没有多少法国艺术家。
波尔坦斯基：确实，这一代艺术家里没有，除了勒·

加克，他很快就转向了绘画，迪迪埃·贝参与了一点，或者保罗-阿尔芒·热特，虽然他的作品稍有不同。我认为这是一个从沃霍尔开始的传统。沃霍尔属于绘画，属于美国式大绘画，不过，他也引入了摄影这一种"上墙的重量"。比起摄影，我的作品《米奇俱乐部》更多是和沃霍尔以及极简主义相连的。本来，在《D家庭相册》中，金属框就将作品改作雕塑了，加上照片不是由我来拍摄的，再次将它和一件摄影作品区分开来。那真的是一件物品。

格勒尼耶：您在1981年搬到了马拉科夫，这是重要的一步吗？

波尔坦斯基：没错，一个新空间是很重要的。之前，我的工作室就是我父母家的顶楼。那个楼顶非常倾斜，所以，几乎没有墙面，我什么也挂不了，这肯定干扰了我。我认为，我的作品在20世纪80年代初发展得更视觉化的原因之一，就是在马拉科夫的工作室里，我有大幅的墙面，有一面墙尤其大。我的许多作品之所以有实现的可能，是因为我能够看到作品挂起来的效果。在这之前，比如说，在做《D家庭相册》的时候，将作品挂到墙上是不可设想的，所以，我就在地上工作。我在原来工作室不可能做出像《组合》那样的大幅摄影，而马拉科夫的工作室就有这个条件。

格勒尼耶：你会在工作室接待客人吗？

漂亮的照片

波尔坦斯基：不会，几乎没有过，现在也不会。我在工作室做过几次访谈，有几个摄影师来过，但也非常少。没有人会进去。那里一直是乱七八糟的，作品也不容易看到，而且我所做的东西，都需要有一点舞台效果。再说了，我不喜欢。

格勒尼耶：在这个时期，你有受到杜尚的影响吗？

波尔坦斯基：很难说。杜尚对任何一位20世纪的艺术家而言都是重要的，也必然是重要的。不过，我从来没有被他吸引，这是错误的，因为现在我们知道杜尚比我们所知道的更复杂、神秘、性瘾成癖……我总是将他看作一个法国人，而且是聪明的法国人，而我不喜欢聪明的法国艺术。我总是说，最重要的两位法国艺术家是马蒂斯和杜尚，而布伦是他们的儿子，因此，我不喜欢布伦……这是良好品位和聪明的结合，而这两个东西，我都不喜欢。杜尚从来没有真正地让我感兴趣，因为他代表的是一种没有感情的艺术，艺术上的思考又太多。《典型图像》和最初的《组合》，可以这么说吧，是我能做的最傻的社会学的作品了。我的朋友贝特朗·拉维耶，他在杜尚的派系中，他总是对我说："你应该将那些作品重新拿出来，那是你做过最好的作品。"在我的创作中，那些是能找到某种距离感的唯一的作品了。虽然《典型图像》是我的个人相册，减弱了这种效果，但在"非我品位"的层面上毕竟还是有一种批评的距离。方形摄影也对应了这一点，它主动地重拾起"一般品位"的标准,哪怕我自己说道:"这是非常,非常漂亮的。"这一步或许接近于杰夫·昆斯后来所做的东西。他做了整套关于"一般品位"的作品,关于"什么是美?"的问题,而我认为,他用玻璃或木头所做的人物和我的摄影图像,完全处于同一种精神之中。我认为《摄影组合》离杰夫·昆斯并不远,就像我的那些花朵的摄影,特写镜头,和菲施利(Fischli)与魏斯(Weiss)是一致的。这些作品曾经是随后几年艺术潮流的先驱,不过,这是我没有继续下去,也不太想展示的作品。我最后一次展示《摄影组合》是在利松(Lisson)画廊,在那次展览上,所有的《摄影组合》相片都汇集了起来,不过,事实上,"媚俗的眼光"这一面已经不是我感兴趣的东西了。今天,我真的不怎么喜欢这类作品……

最初的《摄影组合》有一种嘲讽,尽管我不喜欢这个词,至少是有一种距离,在这之后,当我开始做纸板小人,拍摄非常大幅的照片,想要和巴塞利兹(Baselitz)对抗时,那时已经没有任何距离了。某种程度上,我"随波逐流"。在蓬皮杜中心的《木偶》(Pantins)三折画中,距离完全消失了:我当时真的想做一幅漂亮的画……而之前我处理的是漂亮画的概念,我开始想要作画,却因为我不懂得画,也不想画,我就找到了这种方式来实现"大画"。由于那段时期的整体压力,我完全转向了绘画,也由于我对概念艺术的想法感到疲倦了,我想做一种更加视觉化的艺术。

漂亮的照片

格勒尼耶：不过，你没有选择非常典型的"大画"的题材……

波尔坦斯基：对，还是我的小人偶世界。不过，我的作品有一种重量，一种很强烈的上墙的存在感。我总是在做小玩具，然后将它们放大许多……用微小的元素来做作品是我的兴趣所在。比如，蓬皮杜中心的三折画就是以微型人偶做的，才大约十厘米。我还有一些更小的东西。在一件我挺喜欢的作品中，可以看到一个圆形的脑袋，一个正方形和一个三角形，圆形的脑袋只有一欧元硬币那么大，那真是小之又小。越是这样，我越是拿一些极微小的元素来做，之后打光，然后拍摄。

很不幸，这一段彩色摄影的时期持续了挺久，大约从1975年到1984年。一开始，它还是与傻傻的社会学的方面相关的，接着，从1977年一直到1984年，我做了大幅的"绘画"。我唯一做过有点区别的作品，紧随《摄影组合》之后的，就是《日本花园》。《日本花园》重新以普通品位、老太太品位那样的陈词滥调为出发点。我在莎玛丽丹百货公司买了物件，将它们和小石子摆在一起，接着，我在顶部放了一个模糊的构成主义的东西：一个玫瑰色的三角形和一个剪纸的黄色小棍子，会让人想到一点点康定斯基。在我的介绍中，我提到了两种"一般品位"的结合：日本花园算一个，那个小小的构成主义玩意儿也算一个。它们在同一个层次，如今我会从中汲取灵感来生产一些附饰品。一方面，我觉得这些图像非常漂亮，我很

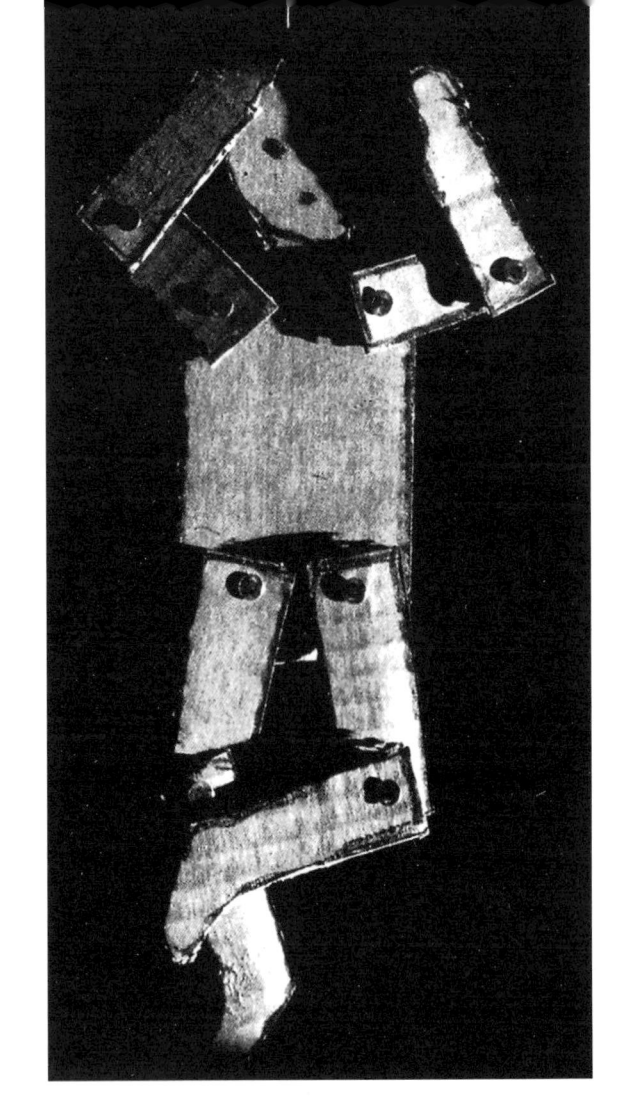

《剧院组合》,1981年
克里斯蒂安·波尔坦斯基惠允

漂亮的照片

喜欢制作过程；另一方面，这些图像依然伴随一种评价，一段关于"品位"的论说。

因为《木偶》，事情有了变化。我们去了纽约，那时候安妮特得到了一份驻地奖金，我就是在那里拍摄并且完成作品。那时候坏画（Bad Painting）正火热，我受到了四周所看到的东西的直接影响。我做了大量的摄影系列，有一些比其他的还要好。今天，我对所有这些摄影作品都没有兴趣了。不过，有一件事情预告了我后来的作品，那就是投影。第一个投影作品叫作《魔术灯笼》（*Lanterne magique*），那件作品还只是一张幻灯片的投影，投影出来的是一只小船。投影仪自行转动，所以，我们会看到小船绕着房间移动。后来我做的一些投影，幻灯片上都是物件。在巴黎市立现代美术馆的"别的阵营"（Parti pris autres）的群展中，我在一个投影区中投射那些表现一个日本花园的幻灯片。那些是我重新修饰过的幻灯片，我们看到一个小人在这堆乱七八糟的物品上散步，走在一个桶上、扫把上……还有一个是《圣诞彩球》（*Boules de Noël*）的投影，那件作品和儿童世界更密切相关，想法是从钥匙孔看进去，整个房间都变成奇幻城。在这之前，我读了普鲁斯特写的一个段落，他描写自己怎样借由一个魔法灯笼来改变他的房间：窗帘变作森林，房门成了一座城堡……这的确是将现实改造成幻影的想法。

幸好，我在两头之间还做了这些作品，不过，那段时期，我尤其想做一些卖得出去的、装裱精良的作品，这是

125

克里斯蒂安·波尔坦斯基可能的生活

一个和我完全不对路的想法……这和我对不上，我不懂怎么操作，所以我伤心失望。比如，我在纽约的索纳本德画廊展出《摄影组合》。因为考虑到钱，我自己运输那些照片，我在现场也只将照片粘了一次。我其实不懂贴照片，所以照片就有了一些巨大的气泡，可这本应该是非常光滑和非常平整的！我试着调整，这么一来，我几乎将一半的照片都毁了……剩下的那些非常非常丑。我被索纳本德夫人臭骂了一顿，必然，展览也是一次失败。在蓬皮杜中心展览时，我知道自己是不懂贴照片的，所以，我就打算将它们悬挂起来，可是，因为是我自己来打孔，照片也被撕坏了……整件事情本应该是完美的，可是，因为我不懂操作，因为经济条件，因为我抠门，最后事情没办成。后来，我遇到了一个可爱的家伙，他有一间冲印室，我可以在他那里免费打印任何我想要的东西——我打印了上千米！这既是幸运又是灾难。他会为了我关闭一天他的冲印室，我在白天打印二三十张。我在巴黎市立现代美术馆展出了这些摄影照片，我自己将它们放到难看的木画框中，不带玻璃。后来我将它们拿到蓬皮杜中心展览，放入真正的画框中。

格勒尼耶：卖得好吗？

波尔坦斯基：根本没有。我从来没有卖出过，除了两三张，就算不断被公共售卖也没人买！这些都是人人都想脱手可就是没人要的东西。这些照片被损坏得越来越严

漂亮的照片

重,越来越无法销售。我展出过好几次,先是在巴黎市立现代美术馆和马里奥·梅茨同时展出,然后在尚塔尔·克鲁赛尔(Chantal Crousel)画廊,巴黎的索纳本德画廊关闭之后,它就成了我的画廊,接着是在蓬皮杜中心。后来,蓬皮杜的展览去了巴登巴登、苏黎世和波恩。我觉得,以后人们将我的这部分工作重新放到一个历史框架中,会有一点意思……不过,作品的这些方面真的不怎么打动我。有一些时期,我们也不明不白,事情就是做得差一些,就是如此!不过,还是持续了挺长时间……

格勒尼耶: 在那些年,欧洲发生了什么呢?

波尔坦斯基: 那是绘画来临的时期,极度躁动不安。我们感觉一下子衰老了,有别的事情到来,我的许多朋友,比如于尔·吕蒂(Urs Luthi),都开始做一些狡猾的绘画。相反,我发现我确实喜欢巴塞利兹和基弗。当时的法国填满了布莱(Blais)、孔巴(Combas)……

格勒尼耶: 关于现代和后现代的区分,在 20 世纪 80 年代如此重要,你关注过吗?

波尔坦斯基: 没有,我一直不太明白"后现代"的意思。我喜欢自己是现代的,而不是后现代的,不过我也解释不了。"后现代"是一个让我气恼的词,其实,"现代"也是。我认为像史泽曼那样的人不是现代的,他逃脱了类别的区分。难就难在不成为现代,也不变成一个反动的老古董。现代性的概念和想成为现代的事实是可怕的，不过，我们又不能反现代。有点为了将水搞浑，我一直说自己是传统画家，可也因为我确实是这么认为的，加上我对现代世界感到恐惧……如果我们以过去的一个事物为参考，我今天想要做的艺术更接近于罗曼式教堂。这是现代还是非现代，我不知道。我在尝试重建我们走过一座教堂时的情感，我们信教也好，不信教也罢，我们目睹一场不明就里的仪式——一位穿着怪异的先生举起双臂，有一些烟雾，有音乐，所有人低着头……你走过，你感觉到这是一件重要的事情，不过，你无法解释……接着你就出去了。因此，它是你在不能完全明白的事物之中穿过所获得的视觉、动作和声音的整体。

格勒尼耶：说说你在蓬皮杜的展览吧。

波尔坦斯基：展览是在1984年，正好是我父亲去世的那一年。我一点也不喜欢那个展览。它由两个部分组成：一部分是我过往的作品，都安装得很糟糕，可作品是合适的；还有更大的一部分，包括了《摄影组合》的五十张大幅照片，今天再去考虑的话，是没有任何价值了。幸亏在这部分之中还有更早期的《西方组合》(*Compositions Occidentale*)，一件圣诞树外形的作品，是在《典型图像》时期完成的，那还算得上是好一些的作品。我第一次用上小灯泡和挂线，营造出蜡烛和花圈的效果，这件作品是我后来将要做的东西的开端。不过，除此之外，整体而言，展览并不是太好，我对这个展览的记忆真的不算太好。

格勒尼耶：展览受欢迎吗？

波尔坦斯基：我不知道，我不觉得它成功。比如，我记得所有新展出的作品只有一件卖出。除了蓬皮杜中心买的和我赠送给中心的，通过蓬杜斯·胡尔腾（Pontus Hulten）的牵线，我卖了一件作品给一个瑞典的基金会。这或许没有太起作用，不过，在那个时期，我对此并不敏感，因为我卖得极少极少，我没有判断的标准。这也是年轻的美好：你无法意识到在你身上将发生什么，既不是好事情，也不是坏事情，你也不能明白。1972年，我收到卡塞尔文献展的邀请，对我来说，那就是去度假，我没有半点念头觉得这会是重要的，所以，我心无挂念。蓬皮杜中心的展览也不见得让我更有所顾虑。总而言之，等作品都回到我家，装在巨大的画框中，而我还不知道该把它们往哪里放的时候，我才开始问自己一些问题。然后我开始做新作品，更加轻盈的作品。我开始用自己制作的用于大幅摄影的小物件来制造影子，我明白自己可以免除所有这些重量去工作，这终归是我更喜欢的方式。

第八章
成功的奇迹

波尔坦斯基：我在巴黎双年展上展出了《影子》（*Ombres*），我感觉观众们更喜欢这件作品。勃艮第当代艺术地区基金会（FRAC Bourgogne）当晚就把装置买下了。我的确再次进入了一个创作的阶段。在非常非常短的几年之中，我完成了我的作品中的很大部分：我做了《影子戏剧》（*Théâtres d'ombres*），然后我开始了《纪念碑》（*Monuments*）……在那段时间，有两件事情对我的工作是至关重要的。首先，是对我最初所做的东西的循环利用。比如，在《纪念碑》中，那些框架之所以是这样的尺寸，是因为我重新用上了《规则和技巧》中的金属框架。我还剩下一些框架，我家里还有《西方组合》的彩色摄影的片段。于是，我就用这些材料来做作品，随后我完成了一些新的摄影，我让人照同样的模型做了框，为了延续这一项工作。另一件重要的事情，就是我明白了我得接受自己作品的极致肮脏，并且应该保持如此。然而，在过去，或许有点索纳本德画廊的原因，我为自己不能像美

成功的奇迹

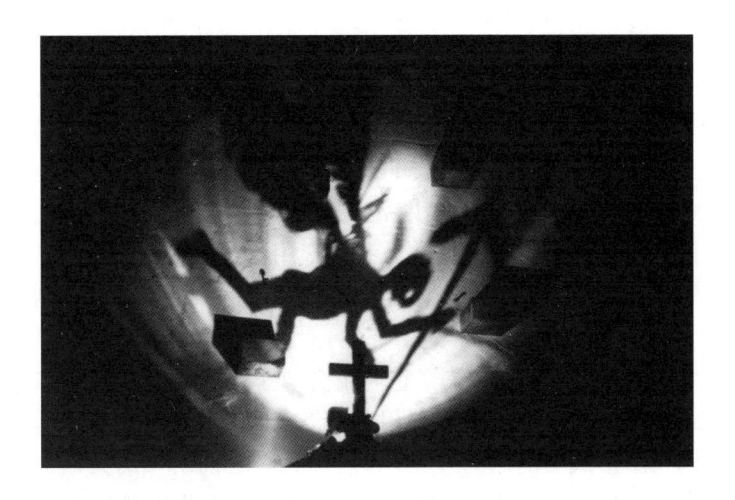

《影子》，1984年
克里斯蒂安·波尔坦斯基与玛丽安·古德曼画廊（巴黎/纽约）惠允

国艺术家那样做出始终干干净净的作品而感到羞愧……我明白自己无法制作精良的东西，我的领域更多是修修补补。为了回到我最开始的作品，我绕过了《摄影组合》，不过我在寻求让它们更加视觉化。在1985年到1991年这段时间中，这些事情具有决定性的意义，也是在这段时期，我开始嵌入空间的概念。刚开始我对空间并无兴趣，因为那时候我还没有宽敞的工作室。

克里斯蒂安·波尔坦斯基可能的生活

格勒尼耶：《纪念碑》之后，你就回到最初的作品了……

波尔坦斯基：《纪念碑》有两个来源。我要准备在第戎的联盟中心（Consortium de Dijon）的展览，而早在1973年，我在第戎就用朗蒂莱耶初中的所有小孩的照片做了一件我挺喜欢的作品。我决定用这些照片重来，用上我工作室已有的材料来做作品。我用彩色照片的片段来制作摄影照片的画框，这让它们看起来有点悲凉，有点"旧圣像"的感觉。我将它们组合成了一面大墙，然后加入了一些小灯泡。在这件相对巴洛克的作品之后，我做了两三个形式更简约的《纪念碑》。相对之前所做的大幅摄影，我更喜欢《纪念碑》的制作方法，因为它是以小元素组成的。我用一个工具包就能运输一件很大的《纪念碑》……

许多事情都会介入一件作品的构想当中，而且我们始终不知道哪些来源是主动的，哪些不是。后来，我想到悬挂灯泡的线接近于伊娃·海瑟（Eva Hesse）的线，它们非常接近于素描。我布置这些线条的方式是非常图像化的，就好像在空间中和在白墙上放一些黑色的线条。我那时候就考虑到了吗？我是带着这个目的去做的吗？我也说不清楚。我认为我作品的力量，即它们始终有一种重读的概念。当事情进展得很坏，我会重新投入过往。《摄影组合》失败后，我重新投入我最初的作品中：回到黑白摄影，回到更简约的一面，回到白铁的框架……你在家待着，不知道干什么，你很失落，有些事情在拖延，你就用这些拖延的东西工作。你受够了冲印室，受够了摄影的价钱，受够了装框，受够了运输，你在找另一样东西……

格勒尼耶：那时候，你的画廊是哪一家？

波尔坦斯基：索纳本德画廊关了，我就去了尚塔尔·克鲁赛尔那里，她刚刚开了一家小画廊。我在她那儿做了一个展览，后来她和吉斯莱娜·于斯诺（Ghislaine Hussenot）合伙，一起在奥德里耶特街开了一家更大的画廊。我在蓬皮杜做展览的时候，那是我的画廊，不过，我没有停留太长时间，大概两年。我在她们那儿做了一个好玩的展览，展出的是最早的《纪念碑》。画廊的装修还没有竣工，场内还有工程，可我还是想做展览，就在这样的画廊中。我们上内阳台还要爬梯子，墙面还没有刷好……对我来说，在这样还没完工的地方做展览挺有意思。那次展览挺成功，有许多文章报道，我开始卖了一点点作品。

格勒尼耶：你什么时候停止和索纳本德画廊合作的？

波尔坦斯基：在蓬皮杜中心的展览期间。伊利安娜和巴黎有很多冲突。她想在蓬皮杜中心对面开一家大画廊，还要做一次大型的捐赠。后来，出于各种原因，她感到自己被恶劣对待了，她憎恶巴黎，也放弃了开这家画廊的想法。马札林那街的画廊继续运作了一段时间，不过，她再也不回来了，最后，她关闭了画廊。我在蓬皮杜中心做展

《纪念碑：第戎的儿童》，1985 年
克里斯蒂安·波尔坦斯基与玛丽安·古德曼画廊（巴黎/纽约）惠允

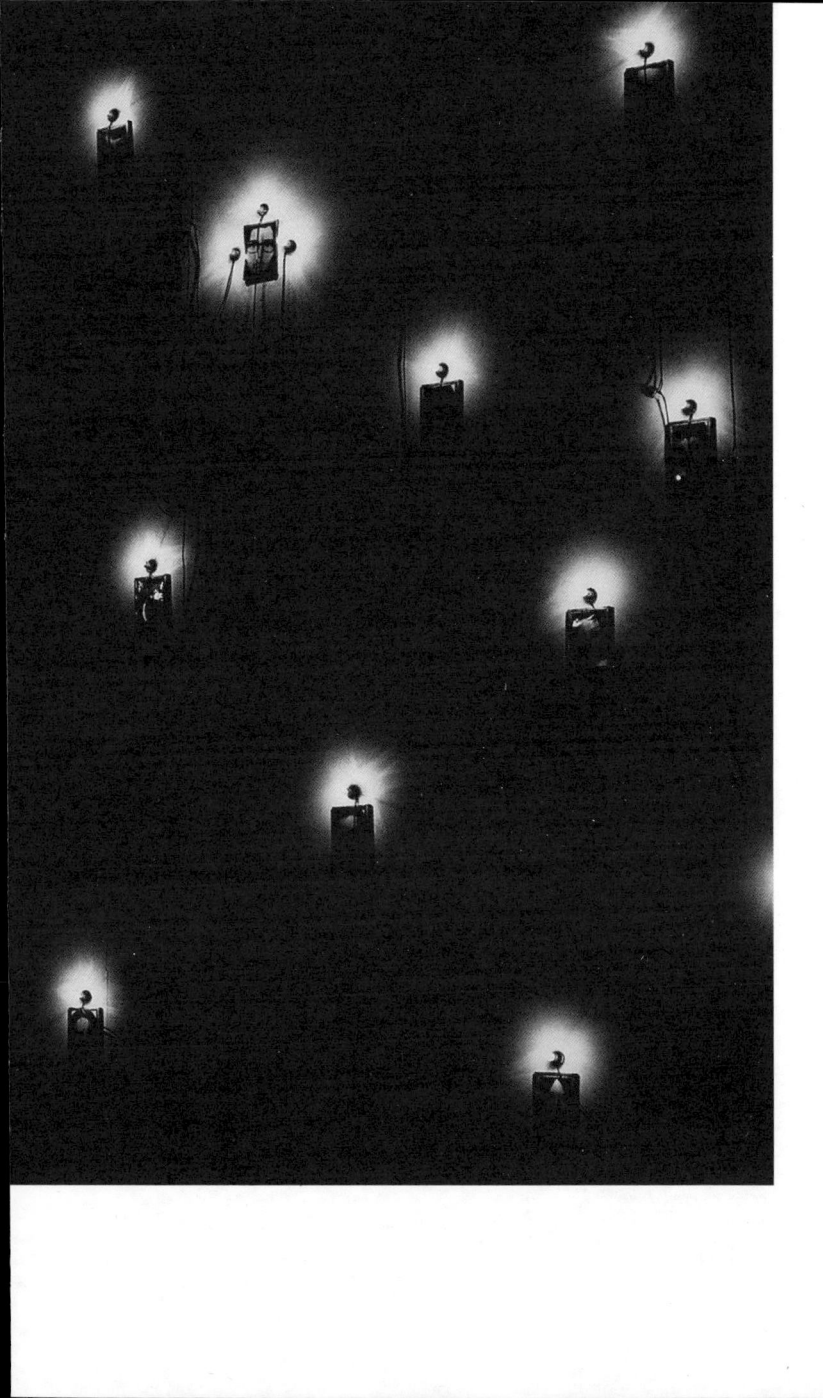

览的时候，她没有来，这是我们合作的终结。我很快有了一家新的美国画廊。大约四年后，马丁·迪斯勒（Martin Disler），我很喜欢的艺术家，他在马拉科夫安顿下来，他提议带她的画廊主玛丽安·古德曼来看我。她待了两个小时，一句话也没说，然后我就进了她的画廊。不过，在那段时间，我在美国的事情进展特别糟糕，我在那里做的所有作品都是有些失败的。比如说，我是最早在（纽约现代艺术博物馆）PS1分馆做展览的艺术家之一，在1978年。不过，我做了一个糟糕的展览，没有人去看……在这之后，我在厨房画廊做了一个展览，地方是好地方，可是展览彻底失败。因为缺乏专业精神，因为我做不好事情，我在美国的所有展览都不成功。有一个非常热情的男人，哈佛的教授，在邀请过布瓦里埃夫妇之后也邀请了我。我去了两次，每次一个半月，这期间我极度地失落和痛苦——那是我的暴食症的开始，我无聊，我做了一个含糊的展览，一个人也没来。奇怪的是，不久之后，当我在美国开始有点成功的时候，我对那些热情赞扬我的作品的人说："可是你们都在索纳本德画廊看过我的作品，就在五年前。"然后他们回答说："不，从来没有。"可我清清楚楚地知道他们来过。那些人不想看，然后突然之间，他们开始观看了……

格勒尼耶： 在20世纪80年代中期，你的生涯有了一次真正的腾跃……

成功的奇迹

波尔坦斯基：在1984年，有一种奇迹突如其来。我非常年轻就已经出名了，我的作品直到1975—1976年都备受关注，接下来的一段时间，事情进展不顺了。艺术变了，我在蓬皮杜中心的展览做得不好，没有成功。因此，我有点"落后"了。接着，在那一年，法国艺术行动联合会（AFAA）邀请了两位美国的博物馆馆长——林恩·古伯特（Lynn Gumpert）和玛丽·简·雅各布（Mary Jane Jacob）来参观工作室。她们来到我的工作室，一会儿过后，她们用英语相互交流。她们对我说："我们想为您在美国组织一些大型的展览。"这就启动了我人生中一个彻底的转变！奇迹就是某个人来到你家，短暂的时间过后——墙上毕竟还是有一些东西可看，她们听了我的介绍——表现出对你所做的事情兴致勃勃。这一次的参观是许多事情的起点：在美国的大美术馆展出，采用一种新的工作方式，作品开始卖得动……我记得，在她们参观之后，我们一起去吃晚饭，回家的路上我对安妮特说："行了，我出名了！"确实，我在美国做了几个成功的展览，但是我之前在纽约的索纳本德画廊做的四个展览都是前所未有的灾难……

这次美国的展览"黑暗体验"（Lessons of Darkness），从1988年到1990年在好几个地方巡回展出。在这次展览中，我得以真正地好好工作，投入很大的空间，在大型的美术馆中。我带去了不少作品，不过，我也在现场制作了许多装置。比如，我寄过去大量的饼干盒，之后在每个博物馆以不同的方式去重组作品，就好像一幅画。从那时候

克里斯蒂安·波尔坦斯基可能的生活

开始,我就有了这么个想法:作品并没有彻底完成,每一次我都根据空间去重新塑造。展览在每一个地方都不尽相同,以同样的元素,我每次都重新构建起别的东西。在芝加哥的第一次展览,我就展示了两个之后不再展示的《摄影组合》系列。用同样的元素来做作品,每一次都对作品带入修改是挺好玩的,因为展览的空间变了。这教会了我许多东西,重新生产,重新制作。这和我现在所做东西的区别是,那时候还有作品的概念,可是今天,这个概念越来越不明显了。

格勒尼耶: 在蓬皮杜中心的展览和在美国的展览之间,有什么事情吗?

波尔坦斯基: 1985年有巴黎的双年展,我并没有为此在空间内做什么作品;然后是在联盟中心的一个计划,我从那时候开始研究空间;最后,在1986年,一切都在沙普提厄医院(La Salpêtrière)真正诞生了,在《影子》之中。沙普提厄医院是一个美妙的地方,我立刻就明白了虚空的必要性,得有一件我们从远处看到的东西,得有一件放在极高处的物品。在这之前,我不懂布置展览,我随随便便就布置了,任何人都做得来,可在沙普提厄医院,突然之间,我所有的东西,我所有的理论都诞生了:在布置一个展览前,必须知道接下来的天气是冷是热,要知道室外会不会有阳光,要知道观众们怎么进入,等等。这一切都属于那一个时刻。

成功的奇迹

格勒尼耶：正是做完这个装置后，你远离了美术馆空间。

波尔坦斯基：一切都是同时产生的，就在一个月内，甚至半个月内。我今天在做的所有事情，就是在那一个时刻想明白的。我和宗教，和犹太人身份，和死亡的直接的关系：这一切都由此产生。我认为，对我来说，一切就位的时间，我领悟空间的时间，就在1984年到1986年。1984年，我在蓬皮杜中心做展览的时候，我还不知道如何用空间。两年之后，在沙普提厄医院展览的时候，我就懂了。

格勒尼耶：你在沙普提厄医院，而不是在一个大型仓库或者工业建筑中做展览，这样的经历是重要的吗？

波尔坦斯基：沙普提厄医院对我来说肯定是决定性的。先是我的父亲在一两年以前在这家医院去世。因此一开始我拒绝在这里工作。之后我决定在这儿做展览，因为这地方的性质。这是一个非常让人意外的地方，而且，它的美妙之处在于这是一个模糊的地方：到那里祈祷的病人们，或者走过的护士们，几乎不会注意到这个展览。如果你开始搭展墙、挂画，这就坏了。不过，如果你去适应地方而不破坏它，像马里奥·梅茨或者川俣正（Kawamata）那样做，那么我所见过的最美的展览空间就是它了。你确实需要做一个能够嵌入空间的作品，让快步走过展览空间的人无法分辨这究竟是宗教节日的装饰还是一件作品。总而言之,对我来说,那里确实是事情发生的地方,是我成了一位空间艺术家的地方。我认为,假如我和其他人有给艺术带入什么新的东西,那就是将空间整个地纳入考虑,将展览当作单独一件作品来构想。这个原则不再是看完一件作品再到下一件作品,而是置身某个事情的内部,在内部,作品间互相不断交流而组成单一的整体。

当时,在沙普提厄医院有许多的作品,不过,展览陷入黑暗当中,所有的作品互相混淆,成为一体。在艺术上,最要紧的是不要害怕。我不知道为什么在那时候我有了胆量,敢于不再嘲讽,敢于承认我是宗教的、我是严肃的,而这是重要的……许多人都认为我以前的作品好,而这次的差,恰恰是因为我严肃地去做了。因为我敢于肯定艺术是一件极其重要的事情,它接近宗教,而我自己也接近宗教,接近对知识的探求,而且,展览不是一个消遣或者娱乐的地方,而是一个不说祈祷,至少也是思考的地方。我对这一切的肯定导致了一种真正的断裂,一方面是和同时代的大部分艺术家,尤其是思考方式完全不同、不带感情的概念艺术家,另一方面是和单单喜欢我作品中好玩、友好、概念性的一面的所有人……许多人没有接受这一种姿态,直到今天。不过,我不是第一个,博伊斯有相似的态度,詹姆斯·李·贝耶斯也是,而且这一认识是处于一个派系当中的。不过,大部分的人,尤其是在法国,都没有接受这种观点。

《圣物盒》，1987 年
南特美术馆
克里斯蒂安·波尔坦斯基与玛丽安·古德曼画廊（巴黎/纽约）惠允

克里斯蒂安·波尔坦斯基可能的生活

格勒尼耶： 比如，在《纪念碑》之后的最初反应如何？

波尔坦斯基： 反应是双重的：首先是我刚才谈及的断裂；其次，我发财了！我当时在吉斯莱娜·于斯诺的画廊，她开始在美国的展览会上展出我的作品。我真不明白发生了什么，不过，我的作品很快就卖出去了，在这之前，她几乎没有卖出过什么东西。一下子，我不再是一年卖出一两件作品，我开始每个月卖出一两件。在几个月内，的确产生了一种状态的变化。这不是画廊的作用，因为它当时还不是一家国际性大画廊。在美国，或许起了很大作用的是我的巡回展览。在三个月里，我真的变"有名"和"有钱"了。这些《纪念碑》打动了人。别人看待我的方式有了彻底的改变。

从那时候开始，美国的博物馆开始邀请我。坏家伙们说，当然这不完全对，我之所以成功是因为美国的犹太人被打动了。可是，《纪念碑》的摄影对象要么是第戎的儿童，要么是巴黎第七区的于乐斯特中学我班上的学生，所以，这不是犹太人，而且其形式也不会让人联想到任何犹太的形式。如果要为《纪念碑》找一种可参照的形式，那会是基督教的或伊斯兰教的，完全不是犹太教的。为什么犹太人看到了当中有什么东西，我是一无所知。我认为，纪念性的方面可能起了作用。我不是为这个目的而做，那确实是一些纪念碑，不过，完全不是为犹太人所做的纪念碑。我用心选择了和这段历史无关的形式和图像类型。与此同时，很难说犹太人买我的作品比其他人多，因为在美国四分之三的收藏家都是犹太人，他们也买基弗的作品……

格勒尼耶：你觉得在这些作品中自己和基弗接近吗？
波尔坦斯基：基弗是一个我真心喜欢的艺术家，而且，我认为，他确实和我很近。我一直有个计划，康托尔、基弗和我一起做一个展览，而且我总说："基弗，你是侵略者，我是提着非常轻巧的行李逃跑的犹太人，而康托尔是狡猾的波兰农民。"我们三个人都在谈论波兰的大创伤，不过，基弗所说的是屠杀的厄运，作为一名侵略者的厄运；我，则是被杀和逃跑的厄运；至于康托尔，他说："我幸存下来了，因为我是一个在任何情况下都能生存下来的波兰农民。"两天以前，纽约犹太博物馆的一位馆长给我打电话，他们想买康托尔的《死亡班级》，因为有来自购买委员会的抵抗，他问我能不能给他发一篇文章支持这一笔购买，说明如果他所买下的我的作品能够和《死亡班级》放在同一个展厅的话，我将会非常高兴。所以，昨天，我就寄了一封信过去，说我希望这一张作品能被买下来。因为他们还想要一张基弗的作品，我就写道，我希望他们用基弗、康托尔和我的作品做一个展览。因为我们在谈论的是同一件事情，每个人从自己的角度出发。基弗，他是一架"坦克"，他很不幸地当了坦克，可毕竟是坦克。相对地，在我的行为当中，有意思的不是力量，而是弱势。不过，我们是相连的。我们总是说，我也确实这么认为，兔子是和猎人相连的——而且比起法国，我更接近于德国，因为德国人懂得历史。基弗徒然地站在另一方，至少他懂得历史，而法国人不懂历史。

格勒尼耶：依靠大型装置，你将情感引入工作中……

波尔坦斯基：我们可以说，在《弗朗索瓦·C的衣服》中，有一种情感的形式。在这件作品中，我真的将它"说"出来：我说出我使用了情感，我说出我使用了宗教。我承认了在此之前严禁讲述的事情。我从挺漫长的《摄影组合》时期走出来了，那段时期对应的正是对这一切的拒绝，更多地带有和童年关联的印记，"fun"（乐趣），轻巧的事情，有模糊的、傻傻的社会学的方面："艺术的形式""美的形式"——这些都是在今天非常讨喜的……还有完美制作的概念：那些年，我徒劳地尝试，一心想让我的摄影作品能贴得平平整整，用来放置的画夹要最好的，诸如此类。在这之后，我拿了家中最差的画夹，一个"纯木"的画夹，当时，我用的是几乎坏了一半的玻璃，我根本不在乎。我接受了自己做得差的一面，正相反，我还利用了它，我拒绝了完美。那确实是儿童的玩闹，是一种在我最初的作品中就已经出现的特征，只是未被形式化，因为那时候我还不懂，我还不能说出这一切。

格勒尼耶：在《纪念碑》之后，你有时候会重新回

成功的奇迹

到摄影上来,尤其是当你重新使用《柏林的儿童》的方式的时候。

波尔坦斯基:1992年,我在伦敦的利松画廊做一件作品的时候,重新用上拍摄儿童的想法,不过,换了一种特征,我转变为真正的校园摄影师。在画廊对面有一所很大的高中,我拍摄了所有的学生,所有照片都在画廊中展出。我当时的想法是,这些摄影被卖给家长的时候,它们就有了一种使用价值,而卖给画廊,它们就成了艺术,整体构成了一件作品。我被邀请到奥伦城堡完成一个订单,我重新利用了同一种原则。这样一直持续了五六年,每年我都会去。照片挂满了城堡的整个大厅。这就像在屠宰场一样。我坐火车到那里,白天给一百个儿童拍照。他们和自己的父母一起来,打扮整齐,衣着讲究……一年接一年,我看到他们长大了。一开始,我很高兴做这个作品,到后来,我几乎没办法继续拍摄了。与此同时,我自己亲手去做这件事情也是关键之一,这当中有一种衰弱的意愿,有我当校园摄影师的想法。这就接近于《典型图像》了,一件关于"一般品位"的作品,那么就应该由我自己来拍摄。如果我用的是别人拍摄的照片,我就将自己放到相对于一般阶层而言的傲慢的、蔑视一切的观看者的位置。

格勒尼耶:在日常生活中,你会拍照吗?
波尔坦斯基:从来不会!我从来不拍任何照片……

第九章
众人皆圣人

格勒尼耶：从《纪念碑》开始，宗教的问题就非常明显。尤其是对天主教的影射，是这些作品的中心所在。

波尔坦斯基：我认为，从那个时刻开始，我对自己说："我希望在我的作品中，有许多的人，许多的人类。"我感觉，好比说，我明白了万圣节，这些《纪念碑》就是万圣节，即任何人都是圣人。在那段时期，我没有因此更频繁地去教堂。我没有去我母亲的葬礼，我不知道是否有宗教的仪式，我也没去参加我父亲葬礼的宗教仪式。所以，这并非直接相关的冲击。有一些时刻，你能想通某些事情，你对某些事情有兴趣，这是无法解释的。我感兴趣的是"每一个人都是圣人"的事实，每一个人都有独一无二的重要性。我是从这个想法出发建造了某些东西。我在做这些作品的时候，对自己说："这些一脸痘痘的可笑的小孩子，对我来说，他们皆是圣人。皆是圣人，也皆是'死者'，因为这些图像是十多年前的，所以，他们已经不再是这个样子了。"我确实觉得自己在为一些幽灵做作品，因为那些小孩将他们的相片交给我的时候，也才十岁、十二岁，而我为了做《纪念碑》重新用上这些图像的时候，他们应该有二十二或二十三岁了。这已经不是一回事儿了，相片中的儿童的确消失了。难以理解的地方，是这些新作品如何出现。这些画框早就在那儿了，我知道极简主义，我早已经用过这些圣诞纸，不过，某些事情就在那个时刻发生了，这是完全魔法的东西，对艺术史学家和艺术家本人来说，都同样地不可理解：有一天，某个人做了某件事！好比，福特里埃（Fautrier）的《人质》（*Otages*）是怎么产生的？他此前做过那么多作品，接着，突如其来的一个顿悟。所以，我认为事情都是"自我完成"。对此没有别的可说了，"自己就成了"。

格勒尼耶：你对宗教的兴趣在蓬皮杜中心的展览目录中就出现过，在和戴尔芬娜·勒纳尔（Delphine Renard）1984年的对话之中。

波尔坦斯基：我一直认为艺术和宗教是相近的，是平行的。在一个神秘主义者和一个艺术家身上有着类似的探索。其运作方式也是相似的，我们都生产神秘的物品。或许得以肯定的是作品应该成为我们表达信仰的一样方式。艺术作品只作为一种言语，或更多的是作为一种思想的载体而存在，也正因此，艺术作品不是一种言语，而只是通过作品本身得以表达。艺术所涉及的主题与宗教的疑问是相似的。我明白，任何作品的存在，都是以提出某个问题为基础的。在那段时间以后，当我赞赏看到的作品，那是因为它传递了一种思想。我的作品是关于生命的疑问，关于理解"我们是什么"，它和哲学家或者神秘主义者向自己所提出的问题相似。不过，他们使用词语，我使用图像。一件作品有造型的价值，我们可以称之为风格，然后，有提出的问题。我的所有作品都和我提出的问题有关。

格勒尼耶：你更接近神秘主义者还是哲学家？
波尔坦斯基：我不懂其差别。我觉得自己亲近基督教多于犹太教，那是因为我相信奇妙。因为我懒，我不相信工作的道德，不过，我信仰奇妙。我相信，突然之间，你会看到，上帝来敲门。就是这样。这不是因为你工作了好几个小时，而是你如此投入事情的内部，奇妙就会降临。

我的活动总是开始于面对作品，提出问题，意识到困惑，有时候，非常罕见，天空豁然打开，我明白了。这一种忽然想通的感觉非常近似一个神秘主义者所能体会的经历。你害怕出错，害怕迷失——不过，在某个时刻，一切都显现了。我不知道神秘主义者是怎么回事儿，我不知道做一个哲学家意味着什么。我认为，就像别人所说，有一把非常复杂的锁，有一些钥匙，而我们在寻找钥匙。不过，我不知道成为教徒是什么意思，我想要知道，可我并不知道。我在创作中说到，有一种奇妙，某些东西超越了我们，这确实是神秘主义的论断，而在我的艺术框架中，我对此有确然的信仰。不过，在生活中，我甚至没有冲动去设想，上帝可以是什么。单是探讨这个话题就让我感到困难。"永世不说出上帝的名，永世不会说到他存在……"

格勒尼耶： 你对基督教的兴趣是从这段时期开始的，抑或更早？

波尔坦斯基： 和所有人一样，和任何一个"听话的"犹太人一样，我经历过初领圣体。我的教理课是很好的，我对此感兴趣，这是我唯一厉害的科目！像所有人一样，我去教堂……我认为，基督教中让我感兴趣的，是人和人文主义的一面。直到今天，比起作为神的基督，我依然更喜欢作为人的基督。我将这些都复杂化了，可能对，也可能错，我认为这是某种人和上帝的对抗，而基督教的伟大在于对抗中的胜利或失败，总而言之，在于反叛，人对抗上帝的反叛。在基督教中，有一种人文主义，有每一个个体都重要的感觉。我这样说是带着对上帝的无知。我对上帝毫无想法，我不知道那是什么。我们可以说：信仰上帝，是相信有一些人在我们之前，有些人在我们之后，可事实并非如此。我们总是将事情往人类上拉，以为有一种人类的力量，不过，并不是这样。真正的上帝概念，我不懂。所以，我不能说在我的艺术中有上帝的这一面，而只是有"人类兄弟"这一面。这是在我身上一直保留的东西，我认为它始终是存在的，只不过，在那个时候以清晰无误的方式显现了。"人类兄弟"和"贫穷的人类兄弟"，还有比如在《人类》（*Menschlich*）中的放纵，最终每一

克里斯蒂安·波尔坦斯基可能的生活

个人都被原谅,每一个人都是圣洁的……这就提出了一个真正的问题:我们应该为德累斯顿被轰炸的不幸的人们哭泣吗?今天,对此,我既反对,也不反对。玛格丽特·杜拉斯的《痛苦》(*La Douleur*)中有一篇非常漂亮的文章,讲述了月台上一位死去的年轻德国士兵……爱应该在哪里停止?悲伤在哪里停止?在我和吕克一次重要的讨论中,他认为恶是存在的,魔鬼是存在的,而我不认同。所有的恶魔曾经都是非常可爱的小婴儿,是世界的现实让他们迷失了。这么说也不完全对,不过,总而言之,我长久以来都这么相信,今天我依然有点相信。我更多宣扬的是一种圣方济各式的宗教:"众生平等,众生类似,众生可爱。"不好的地方,在于这并不是真正的基督教。在另一个思想层面上,我在巴黎的犹太教艺术与历史博物馆做《纪念碑》的时候,用上了所有 1937 年到 1938 年间在那里居住过的人的名字。博物馆的人希望我只写犹太人的名字。我说:"不,我将所有曾经在那里居住的人都放上去,我不需要区分。"他们对我说:"如果门房将所有人都告发了呢?"我回答说:"门房和所有其他人一样,有出现在那里的权利。"我不知道这样好不好。吕克是非常反对所有人皆值得尊重的想法。不过,我确实将所有人的名字都放上去了。

格勒尼耶:当你说到宗教,你更多意味着记忆、人类。你从来没有被东方宗教或者唯灵论所吸引吗?在 20

众人皆圣人

世纪 70 年代，它们可是让许多艺术家为之着迷。

波尔坦斯基：我不懂那是什么。我也不知道祈祷可以是什么！我一天到晚不停地画十字，可我不知道这是什么意思。完全疯了。只要我看到一辆救护车，我就画十字。只要我看到某个悲伤的人，我就画十字。只要我经过一家医院，我也画十字。我一直不停地画十字。只要某个东西让我想到我喜欢或者我曾经喜欢的某人，我就画十字……这纯粹是有病。这对应不上任何东西！

格勒尼耶：十字架的符号启示了你什么呢？有一些人，对于画十字是强烈拒绝的。

波尔坦斯基：我真正感兴趣的地方，我喜欢基督教的原因，是基督最后说的话。基督不是在荣耀中死去的，他就像一个穷苦的蠢货那样死了。他临终前只不过是一个人，他说："我渴了。"然后说，"我的天父，为什么抛弃我？"然后，再也没有人，一切都完结了。基督教的伟大力量在于，它的上帝不是万能的上帝，而是绝对穷困的上帝，穷困和孤独的上帝。没有上帝。基督死后没有上帝。没有谁来创造奇迹。一种无能的宗教，这在我看来是非凡的。我在墨西哥，为印第安人建造的教堂而感到震撼，在他们的教堂中，基督被表现为最后的人，伤痕累累，奄奄一息，就是个可怜的印第安人。这些人信奉太阳，信奉力量，却置身于一种衰弱的宗教。这些教堂令人惊讶，到处都是大理石和黄金，不过，所有这一切都是为这最后的

"蠢货"、最后的人带来荣耀。教堂中有珍贵的珠宝盒，不过，唯一真正重要的东西，是一具病恹恹的、伤痕累累和丑陋不堪的可怜躯体。所以，这是一个彻底的改变，相较于大部分万能的、强力的宗教。这是一种关于软弱的宗教，可怜人的宗教。我们在所有巴洛克式的教堂中都能看到：大理石、圣骨、绘画，这一切都是为了使一个可怜的家伙荣耀。基督教的这一面让我非常感动，今天它依然非常强大。这是我们所有人的荣光，包括我们之中穷困至极、弱小至极的人。这甚至不是建立在知识之上的：犹太人认为，知识带来了智慧，而在基督徒之中，一个妓女比一个主教还要好……所有人都得救，不过，那些懂得最多的人，不一定是我们可以相信的人，是工作最多或者做得最好的人。这一切都在我的艺术中，至少我是这么希望的。完完全全，而且越来越多。我想过将 2005 年 9 月在玛丽安·古德曼画廊的展览起名为"最后的话"，可我觉得这样太做作了，所以我就改为"发言"（Prendre la parole）。在那个展览……有六十多个极度风格化的人物说着："我渴了，我饿了，我是人，我高兴。"每个人都说"我是"或者"我怎样"，这是人性的第一种显示，即情感。对我来说，这自然是一个彻底的基督教作品。不过，或许一个佛教徒会说，我一点也不懂基督教，可这完全就是佛教的。所有主要的哲学都互相接近，它们不是矛盾的。总而言之，这个新作品的确源自这样的想法，关于人的第一句话或最后一句话，或者，至少是关于说话的事实:"我怎样"或者"我是",所以"我是某人"。

格勒尼耶:历史上哪一个时期,是你感觉最亲密的?
波尔坦斯基:古罗马的中世纪,不过,这么说或许有点做作。罗马式教堂让我感动的地方是,在这么一种非常严峻的环境之中,有一座圣母的石膏像,在她脚下有三个装花的小瓶子……我崇拜这一种贫乏,这一种极简主义。比起巴洛克,我更喜欢罗马式艺术中的简约。上星期六,我还去了圣叙尔比斯教堂,那太令人赞叹了!总而言之,我认为艺术应该类似于穿过一座教堂的体验。显然,这并不是我们在蓬皮杜中心所感受到的,不过,应该是类似的体验……

格勒尼耶:你的这个想法是在什么时候产生的呢?
波尔坦斯基:我认为,是在1985年到1986年间想明白的。在那段时间,我开始思考空间,思考观众走入空间的方式、他们走动的方式。我在美国的大型展览,在20世纪80年代后期的大型装置,都是这么构想的。那是我开始做教堂的时候……对我来说,一个展览不仅仅是由你所展示的东西组成的,它从入口就开始了,连观众推门的方式也算入其中。有一次,在阿姆斯特丹市立博物馆的群展中,我要求在我的展厅入口安装一道门,再加上一个看门人。推门而入的困难,门在身后重新关上,这些都会改变你对事物的理解。我设想展览时会问自己许多问题,我要知道门在哪里、人们会怎么感受这个空间、室外是否有阳光,会彻底改变展览的视角。再拿教堂来做比较,比如你在意大利,在烈日底下,你走入非常凉爽和非常阴暗的教堂中,会有一个非常大的反差。我的兴趣不只是挂在墙上的东西,还有观众们的感受:观众如何进入,如何体验……观众在我的节目中变得越来越像演员,当然了,在我的展览中也是。在黑暗中闲逛,是作品的一个元素,而我的做法,是让参观者体验到不同的身体感觉。他走入一间大厅,有一道小走廊,得走下五级台阶,又来到一间大厅……

格勒尼耶: 你对宗教的引用,在这里被接受了吗?

波尔坦斯基: 我不能说我在法国没有得到欢迎,我在法国做过很多东西,与此同时,我始终感觉自己在艺术圈非常特殊,招人厌。我认为,算是故意地,这是因为我的作品中对犹太基督教的暗示。别人想:"他拿苦难来搞事……"或者"他就是哭哭啼啼的……"好几年来,他们对我的想法便是:"这个人是个骗子,他利用了苦难和屠杀犹太人来卖自己那口汤。"任何看法始终都有那么一点点的真实,不过,这种反馈严重限制了对我作品的理解。萨尔加多(Salgado)的摄影也受到了这种批评,他拍摄穷人,总是被人批评。难道谈论穷人不比谈论富人更好吗?苦难是存在的,痛苦是存在的,没有任何谈论它们的限制。然而,这件事情非常困难,很难被看好。就我的工作来说,我意识到谈论厄运是极其困难的,尤其是我们,像我这样，有钱而且幸福，不过，我认为宁可这样都比只是讨论装饰要好……最近，有人问我，为什么我是一个"苦难的矫饰主义者"。我只能回答说，因为我不将生命看作一件特别快乐的事！苦难是艺术的一个大主题，始终如此。这种消极情绪在20世纪80年代占优势的另一个原因，在于我不是理论家，我有点处在事情的边缘，因此会有些被怀疑。

格勒尼耶：难道不是因为大家难以接受犹太人谈论苦难吗，除非是通过幽默？

波尔坦斯基：我不知道。如果不是幽默，至少会有嘲讽。我用"瑞士死者"的图像做作品，是一种嘲讽的幽默，有点儿悲伤。相反，我认为，我被当作犹太人艺术家来看待的事实，也发展出了一种非常模糊的反犹太主义。归根结底，在法国，有这么一种说法，但不会说是反犹太主义，那样说就太严重了，不过，有这么一种想法，是犹太人集团在用苦难来赚钱。

格勒尼耶：事实上，你处在犹太教和基督教的交叉点……

波尔坦斯基：没错。在法国，有一种对宗教的憎恶。这当中，有一位真正的"父亲"是博伊斯，他在法国是被抗拒的艺术家：大家说他是一个骗子，他利用了宗教……法国和德国的巨大差别就是，在德国，酒足饭饱之后，人

《瑞士死者》，1990年
装置取景于纽约玛丽安·古德曼画廊
迈克尔·古德曼所有，玛丽安·古德曼画廊（巴黎/纽约）惠允

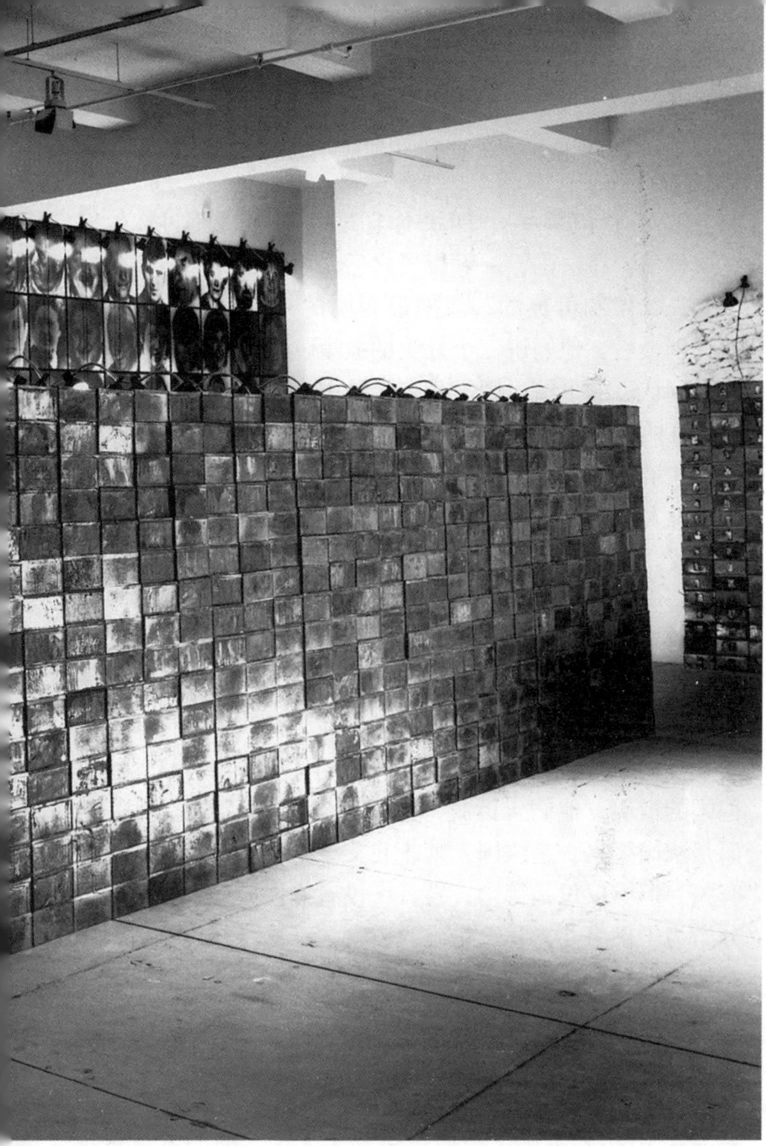

们会做一点哲学——"四块七毛五的哲学",不过,他们在谈哲学;在法国,一顿饭餐之后,严肃正经地谈论是完全有失礼仪和可笑的。你把最聪明的人召集到一顿晚宴上,到最后,他们讲三个好笑的故事、谈谈性,这些是唯一受到认可的事情。因为我在作品中尝试提出一些"四块七毛五的哲学"问题,所以我在德国比在法国更受欢迎。法国在培养一种浅显的轻盈:从来不说太严肃的事情,永远不说太个人化的东西……我感觉自己更接近于中欧人,比如波兰人或德国人,他们整个晚上都用来谈哲学。

格勒尼耶:所以,你不是在对德国的憎恨中长大。

波尔坦斯基:我的父亲完全不会。我的母亲去过德国,我们一起穿越了德国。不过,我觉得我要是带一个德国女孩回家,她应该不会高兴。我的父母并没有培养我对德国的憎恨。他们告诉我,追捕我父亲的,不是德国人,而是法国警察,是法国人禁止我父亲从业。这当然和纳粹有关,但不仅仅是德国,再者,没有好民族或者坏民族之分。为了挑事儿,我总是说我爱德国,这是在说事情,并非如此简单。从根本上说,整个20世纪的文化是犹太传统和德国传统的相遇。在犹太传统中,书、阅读、研究,是极具决定性的事情。好几个世纪以来,犹太人都在自问一些哲学问题,不过,这还只是在封闭和宗教世界的内部。从19世纪末始,他们走出犹太人区,他们不再将这种思想生产的深刻知识应用到宗教的事物上,而是应用在科学或艺术上。如此造就了20世纪。20世纪的许多伟人都是说德语的犹太人。纳粹主义是德国的自杀，通过杀死德国的犹太人，纳粹杀死了德国。我相信，犹太人的时代是一个完结的时代，因为这段时间对应了走出犹太人区的时刻。今天，犹太人要么是融入所有人，不再信教；要么他们完全忘记了钻研的概念，哪怕还有一点幸存。像我这样的犹太人，有点像是最后的莫西干人。就像哈西迪犹太教历史所说，我们什么也不知道了，不过，我们曾经知道有过历史。我们或许还是最后一代知道曾经有过一段历史的人——哪怕我们已经不去犹太教堂，我们不再信教。

我的生命就是由这个事实所标记，即我横跨在两个宗教之间，犹太教和基督教。这是一件古怪的事情，既是积极的，又是消极的。如果别人问我是什么人，我说我是犹太人，不过，并没有什么事实与此相关。这是我做出的一个选择，没有事实基础。精神上来说，我感觉自己是犹太人，可如果我和信教的犹太人在一起，那又是一个我不懂的世界，这会让人不安。在战争期间，我父亲说："我的处境非常简单，我生来是犹太人，宗教上是天主教人，而国籍是法国人。"对我来说，我始终感觉在这两个世界之间。不过，我从来没有试过去靠近犹太教。

格勒尼耶：教皇若望·保禄二世去世的时候，大家讨论了许多犹太教与基督教的相似点……

波尔坦斯基：深层而言，我相信它们是同一种宗教。

在《旧约》中，已经有普遍性的概念了。我经常说我们时代中的一个厄运是我们否定死亡，而教皇去世让我高兴的是，它向世界直接展示了死亡，这是一件非同寻常的事件。谈论死亡，表现衰老，这样的事实与当今世界想说出和展示的东西，是相对立的。我们不能老，不能迟钝，否则会立马被踢出局。在我看来，表现出衰弱、病态，展示出人类的微弱，是一件了不起的事情。这就告诉人类："是这样的，你会死。你就是这样，这是你的处境。"这和目前政府首脑们的死亡方式是截然对立的，他们的健康报表由始至终保持完美……对我来说，肯定我们终将死亡的事实，是一件非常美妙的事情。

格勒尼耶：你承认的"父亲"之一博伊斯，或许是一位伟大的神秘主义者。会不会有一天，有人说"波尔坦斯基是一位伟大的神秘主义者"？

波尔坦斯基：我相信，艺术家"是，也不是"。博伊斯是一位伟大的神秘主义者，我说不是，也不是神秘主义者。我认为，以我的方式而言，我是一位大神秘主义者，与此同时，我又异常地轻盈。你知道香肠和博伊斯的故事吗？博伊斯死了，他生前的一位老友在一次采访中说博伊斯爱吃香肠。那篇文章却被禁了！一个伟大的圣人不能爱吃香肠！有一些真正的神秘主义者，那些在修道院中的，博伊斯也是，不过是以另一种方式。即使他是一位演员，他喜欢被人称赞、被人爱，也不是因为这样他就是虚假的，重要的是，他透过其艺术所给出的东西。我不知道自己是不是神秘主义者。我所知道的，是我对死亡越来越着迷。我不觉得自己是神秘主义者，因为我压根无法祈祷，我甚至不知道祈祷是什么意思。我不知道上帝是什么意思。就像安妮特常常对我说的一样，我没有任何内心世界。这是真的，我确实没有任何内心世界。不过，应该有别的方式成为神秘主义者，或许不需要有内心世界也可以成为神秘主义者，确实，即使我的内心活动几乎为零。

格勒尼耶：这是怎么表现的呢？

波尔坦斯基：好吧，我不是能够思考好几个小时的人，也不能长时间独处。我喜欢和朋友在一起，或许也是为了不要独处。我还未到达一种智慧的状态，能让我长时间什么也不做。我从未处于神秘的寻求状态之中。我相信有一些真正的神秘主义艺术家，比如说，沃尔夫冈·莱普（Wolfgang Laib）……

在我身上，正如在许多艺术家身上一样，甚至在博伊斯身上，有极其儿童的一面，那确实是游戏的层面。不过，这个游戏也是与死亡的游戏。在我最近的一件作品中，我录下自己的心跳，我说道，"我的心脏将随我而去"，那是一个玩笑，与此同时，当我听到心跳的时候，我恐慌了。我对自己说，这样也好，如果明天我死了，这就是我最后一件作品，别人就会说："他早预感到了。"这不只是一个游戏。我的确会问自己许多问题。要是说我有什么好，那是因为我非常有人情味。我所希望的，首先就是成为人。有人说我挺像佛教徒，可是，我对佛教一无所知。我和吕克谈过，他说得有道理："我们得选择我们能在其中生活的宗教。"他对我说，选择一种与自我相去甚远的宗教是可笑的。我认为他绝对有道理。所以，我就停止接近佛教了。

第十章
在嘲讽和悲剧之间

格勒尼耶：我们说回到20世纪80年代，以你父亲的去世开始。

波尔坦斯基：对我来说，那是非常重要的死亡——父母的死亡总是非常重要。当时，我一想到他的死亡就极度恐慌。直到他真的去世，我几乎倍感轻松。他是非常缓慢去世的，一年多的时间里，我都和死亡持续地生活在一起，每一个电话都让我失控。那是一段极其黑暗的时期。然后，我看到自己的父亲，一个智力超群的男人，重新变得像个孩子。那是生命的常态，但是对我影响至深。虽然我非常喜欢他，但和他的交流极少，我和我母亲说的话更多。那是我第一次面对死亡——我的祖母在我十三四岁的时候去世了，但这说不上对我有所打击。我总是说，我们要和死亡做朋友，因为我们避不开，这是我的论断之一。即便如此，我和死亡的关系仍是极度糟糕的，我有一种病态的恐惧。我母亲去世的那天，我在一个小时之后去了多伦多。我不知道我的父母葬在哪里。我无法接受去看一具尸体。与此同时，我却对此有极大的兴趣，一种不正常的兴趣，和一种极度的恐惧。现在，我可以去墓地了，我无所谓，不过，在很长一段时间里，我都做不到。我小时候陪我父亲去医院，有时候我母亲让我去找他。走进医院是一件恐怖的事情。我感觉我将要看到死者了，我感到一种几乎病态的恐惧。

格勒尼耶：不过，你的本性不是忧伤的。

波尔坦斯基：不，完全不是。不过，我总是对死亡有兴趣。我们现在所做的，就是建造我的坟墓。以前，我总是说别人的死亡，这五六年来，我说的是自己的死亡。我最近展览的题目是"最后的年月"（Dernières Années）和"最后的消息"（Dernières Nouvelles）……

格勒尼耶：你很早就开始建造自己的坟墓了……

波尔坦斯基：对，不过，那不一样。这真是一个年龄的问题：从某个时刻开始，通常对应你父母去世的时刻，死亡就不再是别人的死亡，而是你的死亡。从此之后，我们知道日子必然是一天天算的了。所以，好几年来，我的作品更多地关注自身。与20世纪80年代的作品相比，我现在的作品与我自身的死亡关联更紧密。

格勒尼耶：你的母亲在哪一年去世？

波尔坦斯基：在我父亲去世四年之后，1988年。有

在嘲讽和悲剧之间

一件很妙的事情,我父亲在1984年去世以后,我母亲就躺下去,再也不过活了……我继续每天去看她,我在那里吃午饭。当我要走的时候,她对我说:"去吧,你去玩吧,让我死,你去耍吧,你是个坏儿子,走吧……"这对我影响至深,因为我们永远不知道会发生什么……不过,她不是一个人住,有我的大哥在。然后,有一天,必然地,就到了。在好多年中,我都战战兢兢,恐惧有人来电话,告诉我她死了。那是一段挺困难、挺悲伤的日子。

格勒尼耶:所以说,20世纪80年代末,对你来说,是一段困难的时期,被死亡所笼罩,而20世纪70年代应算是玫瑰色的年代。

波尔坦斯基:没错,20世纪70年代是青年的年代,无忧无虑,我遇见了安妮特,我所做的所有东西都轻而易举,毫无困难……不过,20世纪80年代末是一个重要的创作时期。我开始做《影子》《纪念碑》。

格勒尼耶:你将《影子》看作趣味性,抑或悲剧性作品?

波尔坦斯基:在这个层面上,它们的确算作转折点的作品。首先,我认为自己是一个现实主义艺术家,而这件作品和《摄影组合》一样,属于我的作品中非现实主义的一部分。它不是植根于现实。不过,我其余的作品,哪怕是虚构的,也体现了对现实的直接采用:我用的是真人的真实照片，情感就从真实人物的事实中产生……相反，《影子》更接近于素描，它们与制造小玩具的乐趣相连。与此同时，它又指向死亡，指向幽灵……它属于传统的死神舞和木偶戏，可它是欢快的，正是儿童们所喜欢的。当时，有一个想法引领着我，即艺术与我们的关系很接近于儿童与玩具的关系。儿童身上美妙的地方是他能转化现实：你给他这个打火机，他会当作一架飞机来用！这当中有与现实的一种关系，与此同时，又有一种逃脱现实的方法，以及讲述一个完全不同的故事。所以，我感觉艺术也应该是这样：和现实维系着一种关联，又让观看者给自己讲故事、去旅游……这就是为什么我一开始就总在使用许多玩具。我经常去百货商场，买一些漂亮的塑料小玩具！《影子》比我后来所做的作品少了许多的悲伤。我当时的想法是驯服死亡，不过，上演的是温柔的、有趣的死亡，而且那还只是小玩具，与梦相关，而不是现实。为了制作这些东西，我给自己定下了什么也不买的规定，我逛一圈马拉科夫的房子，或者到街边去捡些什么东西：树皮、铁线……我喜欢当拾穗者，每天去捡一些材料，找到什么就用上什么。后来，我用铜来剪裁一些影子。总之，最初的影子都是这么制成的。

后来，我的作品开始变得真的忧伤了，哪怕是之前的《纪念碑》也不能算是真正的悲伤。在《影子》《纪念碑》和我早前的作品之间有一道联系，就好像《摄影组合》，我的参照总是和集体想象有关。所有人都会用手指

在嘲讽和悲剧之间

来摆弄影子,所有小孩都懂。在《纪念碑》中,我的公共参照是宗教。那些都是宗教性的纪念碑,不过,它们与某一特定宗教并不相关,更多是与宗教概念关联。有一些是祭坛的外形,一些是金字塔,每个人都可以在当中认出自己童年熟悉的建筑,一座寺庙或一座教堂。《影子》和《纪念碑》中另一个让我非常感兴趣的维度,是带着嘲讽的概念去做作品。《影子》是骨架,恐怖的视像,不过,它是用三根细树枝和一枚可口可乐的瓶盖做成的。《纪念碑》让人想到大理石的纪念碑,事实上,那些被构成的图像只是圣诞纸的摄影。所以,那是上帝的图像,或者,至少是对宗教世界的暗示,不过,也因为所用到的材料,它完全是嘲讽性的。在原生艺术中也会找到这种精神:用非常普通的材料,比如树枝和一些圣诞纸,创造出辉煌和神圣。

格勒尼耶:你从什么时候开始利用放大的、模糊的照片?

波尔坦斯基:在《纪念碑》中,它们不是模糊的。在这之后,有一件对我来说非常重要的作品,1987年文献展上的作品:《档案》(*Archives*)。我的想法是在尽可能小的空间中放入尽可能多的人。所以,我设计了一系列的铁栅栏,就像博物馆储物间的那种,而展厅非常小,整个空间塞满了这些铁栅栏墙面,铺满了照片。对我来说,那就是毒气室,这一次,确实是以非常明显的方式。我使用了比之前大许多的照片来做这件作品,因为放大了,照片变得模糊。这种模糊几乎是偶然得来的,因为我用的是1933年在维也纳沙斯中学的相册。我将这些肖像拍了下来,再放大。图像是用网版制作的,所以,本身就有点模糊了。而且那些人脸都是那么小,再放大就必然变得非常模糊。意外的是,照片本来是挺欢乐的照片,是十六七岁的年轻人的毕业摄影,而重新拍摄和放大他们的脸时,他们所有人都像是骷髅。

《纪念碑》之后,我有一阵子活跃在美国的展览中,接着我进入玛丽安·古德曼画廊,在欧洲的大博物馆做展览,在汉堡、白教堂、埃因霍芬、格勒诺布尔展览,在日本展览……这样持续了四五年,大概是从1989年到1993年,就像一位年轻艺术家熬出头了。总体而言,那些展览始终是同一个展览,只不过有所修改:我展出《影子》《纪念碑》《服装》,以及在某个时候开始的用饼干盒搭建的祭坛,比如《卡瑟祭台》(*Autels Chase*)……

格勒尼耶: 从20世纪80年代中期开始,你的作品一直在发展,朝向更大的悲怆感。

波尔坦斯基: 没错,在《影子》和《纪念碑》之后,我做了《服装》《祭台》,接着是大面的照片墙,贴满黑白照片,比如我在卡内基展出的两面贴满了瑞士死者照片的大墙,或者像是《人类》。《影子》与大幅摄影的关系更加紧密,它们更好玩,且更具儿童性;《纪念碑》在视觉上还是讨喜的，相对巴洛克；之后，很快，从文献展的作品开始，我就开始了更简约和更黑暗的东西，之后的《祭台》和大幅的摄影墙延续了这种风格。本来，在《纪念碑》之后，《服装》就已经开始变得更激烈了。同样在那个时刻，我和花边杂志《案件》(*El Caso*)合作，我用《侦探》杂志的相片做了《储藏》(*Réserve*)，还用饼干盒做了《储藏》。

这一时期极其精准地对应了我父母的逝世。那时候，我开始谈论犹太人身份，谈论我自我定位为犹太人，这是我未曾做过的。犹太人身份是我们在家中不讨论的事情，而突然，在我父亲去世后，我开始追回它，我读了一些书，看了一些图像，这影响了我的作品。哪怕我不想直截了当地去讨论，也是明显的，出于不同的原因，我的作品的确是这个主题。

格勒尼耶：你们兄弟之间不讨论犹太人身份吗？

波尔坦斯基：不会，根本不会，这甚至是一件非常古怪的事情。就在两天前，我才知道，我的奶奶，在战争期间，藏在谁的家中。团体的问题，正好是目前让我困惑的题材。另外，让-埃利提醒我说，犹太人在战后并不存在。在我父母的朋友家中，犹太人的概念并非一件重要的事情，至少大家都不讨论。对于他们当中的大部分人来说，宗教是不存在的。他们都是法国的资产阶级犹太人，一心要忘却本源，更名换姓；或者是共产主义式的犹太人，一心想着共产主义。

格勒尼耶：你的奶奶做犹太人的饮食吗？

波尔坦斯基：做的，我母亲也是，甚至我也学到了一点。我们在家经常做俄罗斯犹太菜肴，这是家庭习俗的一部分，非常重要。自然而然，我们知道自己是犹太人，在家里有我父亲的藏身处，不过，那是我们闭口不谈的事情，再加上我还心怀羞愧。我父亲去世以后，我确实在作品中认可了犹太人身份，并且展现了这些。

格勒尼耶：你看了巴比（Barbie）的审判吗？

波尔坦斯基：我听了广播。我还听了卢旺达审判。这些审判中非常妙的地方，是司法由始至终保持极高的尊重，哪怕是面对被告人。无论是谁，法官们都将其当作一个人。我还看了关于艾希曼（Eichmann）审判的电影，比巴比更有意思，巴比还只是一个小警察。关于艾希曼，有意思的地方就是，这么一个既不蠢，还对犹太教有兴趣的人，怎么能够认为杀死犹太人确实有必要呢？甚至不是出于残忍或者暴虐，只是因为他认为这是好的……

我看过一个关于寄生虫的非常有意思的节目，有关"寄生虫"的用法，从科学定义到社会寄生虫的概念。在生物领域，人们看待寄生虫的方式，对这些附在身上、有害健康的东西的道德唾弃，和纳粹语言之间，有一条绝对直接的线索。在纳粹看来，阻碍了其他人生活的"寄生

在嘲讽和悲剧之间

虫"是必定要铲除的。让我惊讶的是，这些意识形态来自一些道德不一定败坏的个体。有一些正常的、有理智的、疼爱自己孩子的人，他们出于善良的名义，可以杀死数百万的人。这总是让我不安，这段历史对我们人性的某种讽刺，可能会落在我们头上。我非常喜欢维斯康蒂（Visconti），但我不喜欢《诸神的黄昏》（*Le Crépuscule des dieux*），因为他将纳粹分子表现得像恶魔，狂欢纵欲……我认为他们也是完全普通的人，可能是我们的邻居，可能是我们自己。我看过一本关于在波兰的第一批突击队的书，他们被命令亲手杀死犹太人。他们在一个月内杀了两万人，大概这么多。军队动用了一些年纪太大、不能当现役兵的人来做这事儿，没有人拒绝。晚上，他们喝更多的酒，因为这毕竟还是残忍的。后来，他们的长官被枪决了，但是他们没有，他们成了平静的退休老人。这些人不是坏人，他们是正常人。同样，在阿尔及利亚民族解放战争期间施暴的人，在杀死走出校门的儿童之后，也没有继续犯罪。所以，似乎，在某些处境下，大部分的人都可以做一些在我们看来不可能的事情。

格勒尼耶： 这不会让你对人类绝望吗？

波尔坦斯基： 是这样的。人类可以早上拯救一个儿童，下午又杀掉一个。我以在德国的跳蚤市场找到的拍摄于纳粹时期的一百多张家庭照片为素材，做过一本小书。其中一张是在无忧城堡前拍的，书的题目也由此而来。这些照片中的人都是纳粹和亲卫队，带着孩童和婴儿，在庆祝圣诞节或者在小乐队中演奏。它们描画了一个迷人的世界，他们用怜爱的眼神看着他们的婴孩……

当然，毕竟还是有人会拒绝。我做过一个关于在柏林的红色乐团（Orchestre rouge）的作品，他们几乎是唯一的德国抵抗者。我的作品是将他们的眼睛，他们的眼神，制成海报，张贴在慕尼黑艺术之家（Haus der Kunst）的墙面上。我看了这些人很久，读了许多关于他们的东西，最让我意外的是"为什么是这些人"。他们之间的差异非常大，有些是贵族，有些是工人，究竟是什么导致这些人拒绝？有时候，是一种战斗的教育，无论是基督教的，还是共产主义者的，都可能导致拒绝。不过，这甚至不能肯定。柬埔寨的电影导演潘礼德（Rithy Panh）几天前对我说，集中营里施刑者的头目曾经是佛教僧侣……真的没有什么规律可言。有一些特殊的，极少数的人，懂得拒绝。

格勒尼耶：服装是从哪个时候开始在你的作品中出现？

波尔坦斯基：我先是在工作室中用衣服做了一件作品。有人来看过，对我说："皮斯特莱托，皮斯特莱托！"这让我很烦恼，可是我决定要继续做下去。我认为自己是对的，我非常喜欢皮斯特莱托（Pistoletto）的作品，不过，这没有任何关联。我第一次展示《服装》系列作品是在1988年，多伦多的伊德萨·海德勒基金会，作品名

在嘲讽和悲剧之间

《储藏：加拿大》，1990年
巴黎蓬皮杜国家艺术文化中心
克里斯蒂安·波尔坦斯基与玛丽安·古德曼画廊（巴黎/纽约）惠允

为《加拿大》（*Canada*）。当时有四个大展厅，天花板非常高，从地板到天花板全部覆盖着衣服。一年之后，我在巴塞尔博物馆（Musée de Bâle）制作了一件作品，我在地上铺满衣服，人们在上面走。后来，在巴黎市立现代美术馆，我为"博物馆历史"（Histoire de musée）展览做了《儿童储藏》（*Réserve des enfants*），一个很大的装置，将儿童的衣服放在格子柜中。后来，我在格勒诺布尔重新做了一面大墙……衣服在我的作品中作为一件相对显然的事物出现，我在衣服、摄影和死尸之间建立了一种关系。我的作品总是关注数目和个体之间的关系：每个人都独一无二，与此同时，人的数目是庞大的。衣服对我而言是体现众多的一种方式，众多的人，正如摄影。我在工作室中做第一件衣服作品的时候，老实说，我不认为自己想到了犹太人大屠杀的服装。当然，这是一件绝对显然的东西，只是我不认为自己一开始就有了这个想法。我很快就明白到，作品《加拿大》的题目就给出了暗示，因为它有双重含义：作品是在加拿大创作的，不过，在集中营中，"加拿大"是指放置所有从关押犯身上偷来的东西的地方。被关押的犯人之所以这么讲，是因为在战前，加拿大被看作幸福和财富的所在，在集中营中，那个地方就是堆积财富的地方。不过，我同时要求别人给我拿一些确实新近的、很容易辨认的衣服，避免和大屠杀过于直接的关联。每一次我放置这些衣服，我始终留意着，让一件有当下图案的T恤衫摆在显眼的位置，以此证明这些不是历史性的服装。

后来，我用衣服在各地做了非常大的装置。游戏的规则是，去像国际天主教慈善社这样的地方买大量的衣服——我需要巨量的衣服，每次两三吨。我将质量一般的男

在嘲讽和悲剧之间

装、女装和童装都混在一起。当我想在日本做这类作品时，他们告诉我，在日本不可能找到二手服装，所以，我就在报纸上登了一则小消息，说一个艺术家正在寻找破旧衣服。之后，我收到了成吨成吨的衣服，我从来没有拿到这么多的衣服！在博物馆门前，每天都有五十或者上百个衣服包裹到达。他们告诉我，在日本，人们会保留死者的衣服，既不能扔掉，也不能卖掉。我非常感动别人给了我这些衣服，有些衣服还非常漂亮。我对自己说，我可不能让人走在衣服上，这些是逝者的衣服。于是，我想到了做一座桥。对我而言，这是尊重这些服装的一种形式，日本人将这解释为对禅传统中的"死者湖"的暗示。如果我没有理解错，"死者湖"是灵魂在人死后要越过的湖，脱离生者的世界。在日本的这个展览分为三个部分，第一部分是摄影，第二部分是这个"湖"，第三部分是《影子》。日本人在展览中看到了对禅传统的解读。我对这些东西一无所知，我还不知道地点就将材料寄过去了，我或许在那边听说了一些东西，而整个展览在现场才决定下来。不过，的确，我认为我有极度变色龙的一面。比如说，我不是太基督徒，不过，我为复活节所做的作品，一直以来都很受宗教团体的欣赏。所以，我有这种屈从的可能性，或是读懂他人意愿的可能性。这不能算特别有积极的作用，不过，就是这样的，我能做得到……

格勒尼耶：你没有受到日本的影响吗？

克里斯蒂安·波尔坦斯基可能的生活

波尔坦斯基：在我的作品中是一点也看不出来，不过，我非常喜欢亚洲禅的传统，"极简"的思想。日本是令人惊叹的，因为它非常多样化，既有寺庙的纯粹，又有非常表现主义的建筑。不过，最让我印象深刻的，是他们对瞬息即逝的构想。花园每天都重新做，寺庙每十年重新建造……这对应了我的不靠物品而靠思想传递的重要理论。在这里，我们是通过物品来传递；在日本，他们通过"知"来传递。另外，我常说，对于我的艺术，传递应该是通过知而不是物。当我卖了一件衣服的作品给蓬皮杜中心，那是通过知的传递。我们每次都会扔掉衣服，每一个装置都将是不一样的……

格勒尼耶：你用衣服做了许多其他的作品，尤其是在1994年，圣厄斯塔什教堂中的那次介入。

波尔坦斯基：那一次介入更多地属于与仪式有关的作品，多过和衣服相关。我和贝内托（Bénéteau）神父是朋友，他对艺术有兴趣，还开了一家小画廊。我向他提议，趁复活节为他的团体做一次介入。在复活节前一个礼拜日，他让信众们各带一件大衣来，在弥撒之后留在椅子上。这些大衣大概有三百件，都将用于一次慈善事业。在圣周五，我们将所有的长椅都拿走，将大衣放在整个中堂的地上。这就形成了一个长长的走廊，像是躺在地上的人。教堂开放一整晚，到圣周六，一切都重归原位。在复活节的礼拜天，大衣就堆在教堂入口，神父让每个人随意地拿一件,将它带到出口,放入将开往萨拉热窝的货车。让我感兴趣的是,垒在地板上的大衣从此失去了故事,不再被爱惜,而在萨拉热窝,它们将经历一次复活,重新受宠。这些"死去"的东西将重新经历一次生命,不过,我们都不会知晓。我和贝内托神父一起完成了好几个这样的计划,还有最近一些关于仪式和基督教庆典的计划,尤其是在圣梅里教堂的计划。

第十一章
艺术家的生活

格勒尼耶：你经常说到你的家庭。你从没想过要小孩吗？

波尔坦斯基：没有。哪怕是现在，有时候，我会遗憾，可我确实从来没想过要小孩。长久以来，我都觉得自己太年轻了……我相信，这尤其是和心理学的问题有关。不过，也有点和我们的年代有关。1968年后，"家庭"的想法完全是被拒绝的，我们渴望的是不屈从。大家想要从家庭、从与家庭相连的社会限制中解放出来。在我看来，这其实是个错误。

格勒尼耶：你的侄子对你来说重要吗？

波尔坦斯基：重要，我一个月只见他一次，不过，这么说吧，他是我的延续。我以前经常和他玩，有点像是一个童年伙伴。不过，这不是一种血缘的关系。我没有考虑过波尔坦斯基家族的留存，我的家庭情感就止步在我的两个兄弟和我的妹妹身上。

艺术家的生活

格勒尼耶：你的教父和教母也算在其中吗？

波尔坦斯基：不算，完全不算。我的教母是我母亲的姐妹，住在南特的一位夫人，我不会去见她。我的教父是一位医生，我更常见他，因为他有一些和我年纪相仿的孩子。他从来没教过我任何东西，从来没有向我展示过任何犹太教或者基督教的书，他什么也不信……

格勒尼耶：你服军役了吗？

波尔坦斯基：没有。我要是服军役我就死了，我这么怪……我的父亲带我去看了他的一位精神病科医生朋友，他出了一张证明，说我是个傻子，于是我就因为脑子有病而被淘汰了。他们马上就拒绝了我。为了我好或者是害了我，我逃脱了所有的社会常规。我没有服军役，我没有去学校或者当寄宿生，我没有在假期去过殖民地，我小时候没有一帮伙伴……

格勒尼耶：假期呢？

波尔坦斯基：一开始，我和安妮特一起，会去贝尔克沙滩待几天，不过，好几年以来，我们都不去度假了。在夏天，我们会出去四天。当你是艺术家的时候，那只有艺术才是重要的，这是一种另类生命的选择，对艺术的痴迷是持续的。总而言之，我是这么解释自己的生命。我所有的兴致都集中在艺术上。现在，我不去看任何展览了，除非特殊情况，我也不读任何艺术杂志，这或许是年老的迹象，不过，我还继续围绕着我的艺术生活，尝试去理解，去给自己制造困难。哪怕我工作得很少，我还是被它所占据。通常而言，正常生活和当艺术家是很复杂的。不过，或许说到底，我过不得正常的生活。

格勒尼耶：可是，你同伴侣一起生活，这对艺术家而言是相对少有的。

波尔坦斯基：对，我们还出奇地幸运，各自都成功了。我应该不会想要一个"艺术家妻子"。不过，当艺术家是一件非常奇怪的事情：既不断地被人夸奖，又感到别人在讨厌你，每一次别人说一句反对你的艺术的话都让你觉得受伤，因为你把你的艺术当作了自己……你生活在一个非常独特的世界中。你处在持续的焦虑之中，这挺让人不安。我这么说或许只是简单地想要为自己辩护，因为我没有正常的生活。不过，我认为选择当艺术家又带来另一种生活方式，风险也大得多。不是当一位好艺术家，而是当一位伟大的艺术家。你问过我，我是不是神秘主义者，我说不是，因为我认为，说自己是神秘主义者太自大了。不过，可以说当艺术家是接近于神秘主义者的，押上了很大的赌注。如果你严肃对待艺术，你其实玩得很大。当然，你可以去玩耍，你可以喝个烂醉，可是，不管怎么说，你没有正常的生活。艺术家以自我为中心，还有强迫症……我们是不一样的。马里奥·梅茨，比如说，就不只是一个人，或者他才更是一个人。我们是老小丑。在我的生命中，我做了上百个采访，而每一次我都会失去一点真实。同一个笑话重复到第三百遍……这一切就会让你有所不同。

格勒尼耶：我们看看你讲述你生命的方式，你总是说它是虚构的，可事实上，通常是真实的……

波尔坦斯基：它既是真实的，与此同时，我又隐藏了一些事情。为了让我自己心安，我更多是合乎规矩的，做正常的东西。或者，我会拉远距离，让事情更加集体化：比如说，我没有谈论犹太人大屠杀，我说的是死掉的瑞士人。我不相信自传这回事，因为我们只能讲述别人也知道的事情。因此，我想，从某种方式上说，如果我在一件作品中讲述自己在家中闭门不出，这毫无作用。《弗朗索瓦丝·吉尼奥死前 46 天的重构试验》说的是这个，不过，那不是我，那是从一则社会新闻而来。当艺术不具有直接的自传性的时候，它会更有趣，哪怕艺术家的个性确实扮演着一个重要的角色。我认为，严格来说，我们可以将自己当作一个类型的例子，不过，它自己的故事是不可交流的。它只有变成集体的，才是有意思的。

格勒尼耶：不同于你同时期的其他艺术家，你很少探讨身体的主题。

波尔坦斯基：甚至压根没有。我用我的头发做了很多的东西，比如归入在"邮寄"系列的就有，但和身体没有半点关系。有一些东西是永远不会在我的作品中出现的，性，或者被隐藏得很深，也没有和身体的联系。虽然有时候我用了自己的照片，但那也不是身体的作品。我不能画素描或者油画，其中一个原因或许是这些活动都和身体紧密相关。在这些活动当中，失去了照相机带来的距离。我认为这是一种拒绝，还可以说这和精神分析的问题相关，我拒绝直接用一幅画去表达自我：对触碰某个事物的拒绝。我的艺术不像一幅素描那样是"可触碰的"，思想是不能通过一根铅笔在一张纸上直接反映出来的。我认为，我对此始终有一种恐惧，我始终需要间离效果。

格勒尼耶：哪怕在《清单》中，身体也消失了……
波尔坦斯基：我总是通过缺席来表现在场，一面反面镜："有过某人"。在摄影中也是一样。在场指向一种主体的缺席，我展示的物品指向了主体的缺席。从某个时期开始，我对客体和主体的关系非常感兴趣。有好些原因，尤其是我认为，人们能犯下的最大罪行，不是杀人，而是将一个主体转化成客体。如果军人穿上了制服，那就不再是个体。当我们穿着军装的时候，我们就成了一个群体的一部分，我们可以互相替换，可以去杀人。同样，那些老先生喜欢看歌剧院的小舞蹈演员，是因为主体转换为客体让他们性兴奋：身体像自动装置那样行走。与此同时，我们又知道这些都是主体。在性关系当中，通常有这种"明知这是主体，却将它当客体对待"的关系。这是生活

艺术家的生活

各个方面中重要的一种关系。

格勒尼耶：你对精神分析感兴趣吗？

波尔坦斯基：我认为这非常重要。尤其是对一个艺术家的诞生。我相信，在一个艺术家的生命中，始终有一种震惊感，且几乎总是一种精神分析式的震惊感。相对而言，我不太确定，那些长时间的精神分析能否让人安定下来，因为在我看来，精神分析那么有意思，它几乎填满整个生活，这会阻止你去干别的事情。你的整个生命都在这上面了。我认为，一个艺术家在以另一种方式做自己的精神分析，反复摸索。在十二年前，我比通常而言更加消沉。有一位女性朋友指点我去找一位心理医生，我去了。在他的诊所入口，有一些非常难看的艺术作品。他问我是做什么的，我回答说："我是艺术家，画家。"作为面对一位心理医生的正常防御，我开始给他讲我的艺术。我对他说，我收藏了瑞士死者的摄影作品，我家中有上千张照片，我将它们贴到墙上，然后看着它们……有一次，我告诉他，我有上百条女人的裙子，我将它们放到地上，我在上面走。我一共去了四次。我想他应该挺高兴的，因为他有一篇文章写了一个与瑞士死者相关联的男人……一天，我走的时候，说"下星期见"，之后就再也没有回去过了。

格勒尼耶：你撒谎了……

波尔坦斯基：我撒谎了。我不认为精神分析对艺术家来说是必然的一件好事，不过，我对此也一无所知。有一出爱尔兰戏剧，我非常喜欢它的故事：一个儿子走遍爱尔兰的酒吧，讲述他怎么杀了他的父亲。他的父亲也做同样的事情，讲述怎么杀死了自己的儿子。他们曾经确实打过架，两个人都以为自己杀死了对方。而且对这两人来说，这已经成了某种谋生手段。不幸的是，有一天，他们在同一家酒吧相遇了……对我来说，也是差不多：我讲过太多我的故事，以至于我所讲述的，真真假假，糅在一起——它成了作品。艺术家的绝佳幸运在于，他们身上任何消极的东西，如果被艺术家转化成作品，都会变作积极的。我曾经是非常古怪和害羞的年轻艺术家，我将这个事实做成一件作品，这个举动解救了我。我的教育并不是最好的教育，甚至可能是危险的，不过，这也是我成了艺术家的一部分原因。

格勒尼耶：你的朋友们，他们多数是艺术家吗？

波尔坦斯基：和所有人一样，我的朋友少之又少，这其实不是太好。我没有任何童年朋友，或者青年朋友。童年朋友是不可能的，因为他们认识的是以前那么奇特的你，他们还保留着对你的固有想法：可怜的小克里斯蒂安，一个傻子……我经常见让·卡尔曼，因为我们在一起干活。我经常和贝特朗·拉维耶吃午饭。还有汉斯·乌尔里希·奥布里斯特（Hans Ulrich Obrist），他在我的生命中曾经是重要的，因为他有一种让最不可设想的事情运作起来的能力。他做过的几个展览是非常隐约地从我身上获得了启发，可是，如果不是由他来把控事情，这些展览或许永远都不会发生。他是某个你能够和他在精神上打乒乓的人，你说一个事情，他补充某个东西，等等。接下来，他去组织。我很喜欢他的为人，也因为他能够启动创造的可能性。我说的不是艺术创作，更多的是发明新作品的呈现方式、搞破坏的故事或东西……这不是一件必然积极的事，不过，除去我的艺术作品，我一直都对"办事情"有很大的兴致。不过，不一定是为我自己……我对于展览、出版物、办杂志，有难以计数的想法。在生活上，我喜欢的，就是吃、喝一点，然后办一件事儿。讨论、构想一场新的、与众不同的展览，设想展览目录的新形式……我有这么些难以计数的展览想法，各种类型，不论是历史的还是当代的。这是最让我高兴的！最近，让-于贝尔·马尔丹对我说："你给我建议过的展览数目真是难以置信！"他从来没有实现过的那些展览，或许还是一种幸运……

格勒尼耶：你写作吗？比如说，你写过日记吗？

波尔坦斯基：我和写作没有任何关联，我不懂写作，也从来没写过任何日记或者长文。最开始，在1968年到1970年那段时间，我写过几段文字，接下来，每隔四五年，我就写个五六行。不过，我确实和任何写作都离得非常非常远。为了卖弄自己，我说我写得挺好的。如果我有一篇五行字的文章要写，我可以写得既快又好，不过，如果不是必然要写，我是永远不会想到写几行东西的。写一封信对我来说确实非常困难，写字也变得越来越困难。我写出来的字母根本不可辨认，还会跳过一些字母，因为我几乎没有任何写字的习惯，写起来的确困难重重。我从来不给任何人写东西，我最近写的唯一一封信，是在学校给我的学生们的，同样，我还是很吃力，我总是做得似是而非……我的文化几乎完全是口语化的。我不写作，我不读书。我每年顶多读两本书，年轻时读得稍微多一点，不过也还是非常少。我读书也非常吃力，这会耗去我大量的时间，这尤其不是我的世界。我二十四五岁的时候，应该读了十五本书左右，后来用上了一些，不过，大部分我引用的书，我都没有读过。

格勒尼耶：你时不时会举出音乐的例子，音乐在你的家庭中有地位吗？

波尔坦斯基：不，完全没有。我们当中没有音乐家。我在音乐上极度无知。这三四年来，我懂的东西稍多了一点，因为我和一位作曲家一起工作，他教了我些东西。我非常喜欢听音乐，我认为这太不可思议了，我压根不知道音乐是怎么起作用的。我不明白，因为作曲显然是一件非常抽象和数理的事情，我不懂为什么如此抽象的系统能够引起如此澎湃的情绪。对我来说，这是一个谜。这样的一个事物怎么调动起情绪，让人哭，让人笑？

艺术家的生活

格勒尼耶： 你和安妮特经常去跳蚤市场。对你的作品而言，这起过作用吗？

波尔坦斯基： 在一段时期内，这是有帮助的。当时我对相片集感兴趣，在跳蚤市场就有。我在那里找到了《信号报》（Signal），我认为这帮我想到了《清单》。比如，在某段时间，我收集一些记事本。在跳蚤市场，非常动人的事情是发现某个人身后所有物品在出售。你会看到，在同一张地毯上，摆着一本小记事本、一个盒子、一座更漂亮的钟，等等，这一切不加区分地摆在一起。还有，我对逝者的肖像非常感兴趣。我的兴趣是"再生"的概念。我会在跳蚤市场买许多的衣服。我认为购买一件二手衣服是重新给予它生命，我们激活了这件衣服，因为我们重新观看它，而你看某样东西，你就给了它生命。我记得，有一回，我买了一件美国的外套，在口袋中有一张百老汇的票，我为此感到非常非常幸福。这件外衣有过一段过去，我们不知道它是怎么流落到这里的，而我延续了这件外衣的生命。的确，这和我的工作有某种关联——跳蚤市场有点像人类的垃圾场，死人的垃圾场。我从来不考虑在跳蚤市场买漂亮东西。从个人角度来说，我对物品没有爱好。不过，我买了不少的旧打火机和从来没用过的旧《巴黎竞赛画报》，因为它的图片太漂亮了，或者《侦探》杂志，诸如此类。

格勒尼耶： 你本性是收藏者吗？

克里斯蒂安·波尔坦斯基可能的生活

波尔坦斯基：绝对不是，完全没有，甚至到了一种可笑的程度，因为我家中一件艺术作品也没有。我对任何东西都没有兴趣。我没有多少爱好，我对于布置一个地方没有任何兴致。我的工作室像受过灾，什么也没有，只有二十年前的破烂不堪的宜家家具，真是肮脏到讨人嫌……

格勒尼耶：你试过和别的艺术家交换作品吗？

波尔坦斯基：从来没有。南·戈尔丁（Nan Goldin）给过我一张摄影作品。然后是本，很久以前，他给过我一件东西，我保留着。我并不希望家里有作品。

格勒尼耶：动物呢？比如说，猫是安妮特的还是你的？

波尔坦斯基：那基本上是安妮特的猫。我一直没有多少东西。在我家，有一株或许是十年前别人给我的植物，绿色的茎，在春天会开一朵花。我极少照料它，只是时不时地给点水，让人意外的是，这朵花每年在同一个时候就开始长出来。花期不会太长，半个月——我之所以说到它，是因为现在到季节了——在我看来，这挺稀奇。这是我唯一加以保护的东西。

格勒尼耶：除了这个，你看重的东西有哪些？你的书？你的衣服？

波尔坦斯基：我的书，我毫不在意。我的衣服……我非常喜欢给自己买衣服，可我买的衣服都是不贵的，然后

艺术家的生活

我很快就将它扔了或者糟蹋了。没有,确实没有什么是我特别在意的。不过,我这样或许是因为安妮特正好相反,她有真正的爱好,还因为我们有这间舒适的房子,所以我没有真正的需求,而且,我知道她挑东西的品味比我好。或许,如果我是孤零零一个人,我大概会收藏一些什么,我不知道。

格勒尼耶:你不恋物?

波尔坦斯基:不,一点也不。我的抽屉里有一些个人物品,可我也不会去看。我没有喜欢的物件。这甚至是一件非常古怪的事情。从我父母那儿,我拿来一张坏了的小椅子,就这么多了,被我放在工作室。不然,我什么也没有,一星半点都没有。只有两张照片和一张小椅子。最近我和吕克在电台做了一个节目,我们就讨论了这个话题。我们谈到我母亲的一所房子,小时候我们放假会去那儿。那间房子里有特别多的家具,而我是竭尽一切,好让这间房子"死掉"。我不想回去,直到别人告诉我,房子被偷了,我说:"也好,马上卖了吧!"这或许是我生命中的一件坏事:我从没对那所房子有过一秒的关注。

格勒尼耶:从什么时候开始,你们想要抛弃这所房子?

波尔坦斯基:我母亲还在世的时候。我最后一次去应该是二十五岁,房子已经破败了。我对任何东西都没有半点依恋,无论什么物品。哪怕是对我的作品,我始终模糊地觉得，我可以重新生产它们。如果它们坏了，我可以重做，这不是什么悲剧。我做展览的时候，总是和博物馆的人说，不要上高价的保险，或者只要非常低价的保险，不要去做木箱……作品是无论如何不可触碰的东西，这个想法我没有。如果东西坏了，你就修复它，或者重做。有时候因为一张照片开始变形，我会挺烦恼，不过，只要我还有底片——许多底片被我弄丢了——我就重新冲印。

格勒尼耶：挣到钱这件事改变了你生活中的什么事情吗？

波尔坦斯基：一直到1987年，我几乎没挣过钱，我当时已经三十四岁。在此之前，我和安妮特在波尔多教书。我几乎是一年卖出一件作品，勉强够支付制作费用。不过，我从来没有因为缺钱受苦，因为我的家庭是资产阶级，我有一套公寓，我从来没有吃过苦。我很早就做老师了，在这之前，我还打过一些小零工。我的家庭在钱的问题上是极度清教徒的，财富被看作是消极和糟糕的东西。对我的母亲——一文不名的律师女儿而言，挣钱的想法的确是一种羞耻。更何况，当我开始做作品，也就是紧随1968年以后，挣钱、卖作品是一件不可靠的事情。所以，当这件事发生在我身上——而且是突如其来的——我真的感到羞耻，就好像真的不该这么做。我当然没有因此改变我生活中的任何东西，我继续将钱看作一件消极的东西。不是对生活而言的消极，因为不为钱发愁挺让我快活，这更多是危险。常言道："钱，求不来，挡不去，也带不走。"我认为有许多艺术家,有一些还是我非常尊敬的艺术家,都被钱毁了。有太多钱和管理钱,会严重地浪费时间。如果你开始在纽约有一套复式公寓,在南部有一栋房屋,你会浪费你的时间去打理!金钱是负担,有一套漂亮的房子是负担。事实上,如果我们真的渴望,赚钱是一件非常简单的事情:你将全副精力投入赚钱之中,你就会赚到钱。而且我也足够机灵能赚钱。不过,当一位大艺术家却是极度困难的事情。得知道你的志向往哪儿放。有一些志向是简单的,一些是复杂的——挣钱就是简单的志向。如果我开一家餐厅,我肯定它能成功!这样说很自负,可我觉得这会是真的。这是简单的,不过,当一位大艺术家是一个几乎不可能的目标!因为我是有志向的人,这就是我想要达到的目标。所以,钱对我来说不重要。这么说是挺惭愧的,因为我过去和现在都在享受钱,只是,应该说,我没有改变我的态度。比如,我的外衣很漂亮,是在ZARA买的。我不会想到买一件山本耀司设计的上衣,在我看来太蠢了。ZARA的外衣在我看来一样好,而且便宜。我也不会想到坐头等舱旅游,如果我找到更便宜的机票,我就买了。

格勒尼耶:这对你的作品有影响吗?许多艺术家,尤其在他们挣到钱的时候,会过渡到另一个层次的生产。

波尔坦斯基:我不是圣人,我也经历过。当你成为一个成功艺术家,不可思议的事情是你在制造黄金,像一个

克里斯蒂安·波尔坦斯基可能的生活

炼金术士。你知道，两小时的工作你就能够造出金来，这是非常大的诱惑。我有过这种诱惑，在我所做的作品中，有一些不比其他的差，其实也是不必要的。比如说，我认为《纪念碑》应该有二十或者三十个。可如果只有十个，我的作品不会有任何减损。还有展览的效果：当你有许多的墙面要填满，与其做三件作品，不如做到十件，目的就是填满空间。必然，每一种作品提供一种变形的可能性。同样，当有人向你提议做展览，你不一定有新的想法，于是你重新用上你已知的去做一件新作品。还有另一种诱惑，当你的画商告诉你："克里斯蒂安，有一个好人，一个收藏家，他非常渴望拥有这个系列的一件作品，你能做吗？"我当然就做了。这样不好，可这是正常的。另外，创作的时机是非常罕有的，因此，一个艺术家的生涯有整整一个部分都是用于专门发展系列的：从一个想法，延展出一个系列。可以肯定的是，从某个时间开始，我就再也不能重做作品了。它们没那么好了，像用旧了的一样。最初的作品不一定是最好的，第四或第五件，再接着，在第十五件之后，我就做不好了，因为我必定已经不再相信能做好了。不过，我不会真的感到遗憾，因为在艺术家身上，有我欣赏的工匠的一面，即制造物品。你制造一些东西，就像有个家伙是造椅子的一样。正如对汽车非常感兴趣的贝特朗·拉维耶所说："法拉利最小的系列是九十辆车。所以，一个艺术家做同一件事情五次，这什么也算不上。总而言之，考虑到地球上有数十亿的人，这真的是微小的系列……"不过，我没想过做有好几个样品的作品。我的摄影始终都是单一的冲印。我做过一些版画，非常少，而且我没有做印本。

格勒尼耶： 哪怕你的作品在成系列之前，你通常都需要有所改变吗？

波尔坦斯基： 某种意义上，我的作品始终是同一件，不过，也有持续地决裂和改变的意愿。我不像罗曼·欧帕卡（Roman Opalka）或河原温（On Kawara），将一辈子奉献给单个计划。在我身上没有过计划，比如丹尼尔·布伦或尼埃尔·托罗尼（Niele Toroni）——我做不到。我开始做一件东西，一段时间过后，我就厌了，甚至感到深深的憎恶，从生理上让我倒胃口。所以，我会有一段十分空虚、十分忧伤的时期——这也可以持续好几个月甚至更长时间——然后有一天，我从某个重新让我感兴趣的事物上出发。在那种情况下，要让事情能重新开始，你得对你之前所做的东西感到真正的厌恶。几年之后，你或许能重新爱上你做过的东西，不过，有整整一段时期，你无法忍受你所做过的东西，或者你在做那件事情时别人的评论——你就想都砸破！当然了，你也不知道该做什么。总之，我所产生的，就是不知道能做什么，一个艺术家所能产生的巨大恐惧。事情不是别人给的，不是因为你做了一件好的东西，你就知道下一个怎么做。所以，我们始终有同一种恐惧……今天早上我和安妮特聊天，我对她说，我目前唯一的梦想是在泰特现代美术馆的大厅做展览。在我看来,那是一个极度困难和很有意思的地方。然后她对我说:"这太好了,因为你就像那些大学生:'我唯一的梦想就是在卡地亚做展览。'"不就是嘛!作为艺术家的美好就是始终有一件你想做而做不到的事,一件你告诉自己你可能做不来的事情。这件事情让你保持非常年轻,不曾改变,因为你几乎处在某个二十五岁年轻人的精神状态之中:你梦想,你期盼,你对自己失去信心。这是一种非常罕有的感受,极少有职业允许保有这样的感受。

第十二章
艺术的相似性

格勒尼耶：谈起你那些花的照片，你说到了杰夫·昆斯。你觉得自己和用刻奇（Kitsch）的那些艺术家类似吗？

波尔坦斯基：我认为刻奇是危险的，因为它常常和嘲讽有关：概括一个社会阶层，把它转化成笑料。上层社会很容易也很愿意展现穷人像常说的那样"又丑又蠢"。糟糕的社会学家会这样引导。然而，幸运的是，世界如此复杂，没有社会学家能把人们都放入案例中分析。很多东西不是只有"一把"钥匙，不是只有精神分析的钥匙，也不是只有社会学的钥匙，而是有四十把钥匙，甚至更多……

格勒尼耶：作为一个艺术家，真的喜欢瓷质小雕像，对你来说可能吗？会和艺术立场不相容吗？

波尔坦斯基：反正杰夫·昆斯说喜欢是合情理的。我们会着迷于构成我们童年世界的事物，既看见其中的美丽，又和它隔了一段距离。对我来说，作为艺术家，就是

克里斯蒂安·波尔坦斯基可能的生活

强调存在的事物。每个人无所不知，我们无所不有，但就像在一个大袋子里：有些东西藏在袋子深处。艺术家展示的作品，是看的人已有的东西，艺术家打心眼儿里知道，他让它浮出了意识的平面。通过展现所有人童年喜爱的事物，可以挑动情绪。比如说，我曾经很喜欢木头小熊：做到重现我们自己内心压抑的情感，并让人接受，这挺好的。这些形象的功能好比"玛德琳小蛋糕"。我们会喜欢杰夫·昆斯的作品，至少相当一部分作品，因为这些作品让我们接受的是我们拥有的东西，而我们倾向去拒绝，是因为它们不被当作"好的东西"。可能无伤大雅的是有人愿意说：我喜欢电动小火车。一个艺术家却在升华这些电动小火车，像昆斯做的那样，更改比例、更换材料。这种展现，是让一个玩电动小火车的十岁男孩的所有诗性浮出水面。类似的情感是，一个老先生一边冲着我的橡皮泥做的小飞机机头吹气，一边说："我七岁时就是这么做的。"一方面，面对这些物品，人们寻回儿时的情感，奇妙的情感。另一方面，这些物品从更为社会学的角度说，所表明的是趣味消失了。杰夫·昆斯可能有力量，让我们在博物馆的一个展厅内同时找到索尔·勒维特（Sol LeWitt）和巨型木熊，并意识到这是相同的：就是这些东西在勾起情绪。不在情感之间建立等级，拒绝排斥。然而，一定数量的形式是被文化排除的。可以说，在我们的记忆大袋子里，有极少的形式和类似的东西。

艺术的相似性

格勒尼耶：那么首要的，就是艺术家的意图。但这并不总能被察觉……

波尔坦斯基：是的，意图并不总是能被察觉。在杰夫·昆斯的作品里，或莫瑞吉奥·卡特兰（Maurizio Cattelan）的作品里，都有"搞事情"的意愿。这些艺术家有些像政论家一样行动，寻思哪个领域是完全被禁止的，可以投资。我认为，在这两个艺术家的作品里，昆斯有"又可爱又邋遢"的一面，卡特兰有政治煽动者的一面，想要寻找能被当作禁忌的东西。用陶瓷展现迈克尔·杰克逊，就像展现吊在米兰花园里的孩子一样，是一种禁忌。卡特兰是一个敏锐的艺术家，他更为复杂，我挺喜欢他的作品。他作品中的美在于有多种可能的入口，他的作品不仅仅是靠冲击力，你可以从中品出差异很大的东西，并用不同的方式讲出来。不过这些艺术家每次都在一点一点试探更高的极限。尽管我敬佩这些艺术家，但是这样的趋势也有危险，会将他们的艺术缩减为寻找最有冲击力、最震惊的形象。从一定意义上讲，吉尔伯特与乔治已经有了一点这样的预兆。与他们的工作紧密相连的，是他们的生活，他们对恶的感知——对罪恶的感知，以及与基督教的联系，还有在他们身上是显而易见的，他们躯体衰败的情景化。对我来说，他们的作品完全逃离了"冲击"的故事。当他们要展现一个拉屎的胖先生时，会是他们其中之一。总之，他们寻求的是耸人听闻的照片，同时也是一种摧毁他们自身的一种苦难的形式。

克里斯蒂安·波尔坦斯基可能的生活

我认为，新一代艺术家在运用"冲击"这个概念，比如达米恩·赫斯特（Damien Hirst）。我印象中巨大的转折点在于藏家的变化。今天，伦敦或纽约大部分的大收藏家是在证券交易所工作。他们习惯了冲击，这是他们运作的方式，找到没人想到的东西并产出更多。在英语全球化背景和大城市的人之间，围绕着冲击、快速冲击的游戏存在一种关系。它们有意识或无意识地有所关联，这是时代的特征。时代改变了，这不是消极的。同样地，华托（Watteau）和大卫（David）是很不一样的，即使两者相隔不久，几年之差，在艺术上就有实在的改变。对我这样一个20世纪的艺术家来说，这让我有时候挺尴尬的。作为一个现象倒是有趣，但这阻挡不了达米恩·赫斯特的好作品出现……

格勒尼耶： 我们谈到品味这个概念：你和玩弄恶心的那些作品的艺术家有什么关联吗，比如迈克·凯利（Mike Kelley）或保罗·麦卡锡（Paul McCarthy）？

波尔坦斯基： 我挺喜欢迈克·凯利和保罗·麦卡锡。那不是真的恶心，是孩子的恶心，有点"坏男孩"。这不会让我反感，它完全是孩子式的，这和英语全球化背景下的特点"轰动"不一样。我的电影《咳嗽的人》和保罗·麦卡锡的作品并没有太多差别。《咳嗽的人》是真的很恶心，但是为了搞笑。这不是我作品的价值所在。我的艺术是合乎道德的、清教徒式的、严肃的、不渎神的。每个人

艺术的相似性

都有自己的样子！我是一个偏保守的人，反动是我的性格，我根本不是个革命者。我有礼貌，有教养……

格勒尼耶：同时你怀恋乌托邦？

波尔坦斯基：是，但是训诫性的乌托邦。我说的是我身上非常消极的一面，但我没有 1968 年"五月风暴"的精神。我一点儿也不赞同这一革命性的乌托邦，街道上的诗歌。我厌恶"聚众玩乐"，我不感兴趣。我是个规矩人！

格勒尼耶：你的世界里没有边缘性，没有毒品。

波尔坦斯基：绝对没有，我从未接触过毒品。除了社会允许的东西，如喝酒之外，我从未接触过别的。我在人前从未醉过，我总是举止得当……举止得当的愿望构成了我的一部分。总之，我拥有的形象——我懊恼、鄙视的形象——是乖孩子克里斯蒂安。这是我无意识想要展示的形象。这对于一个艺术家没什么好处！我觉得这又是精神分析里秩序或别的什么问题，与童年有关，毕竟我总是想要当乖孩子，我没有离开过我的父母……

格勒尼耶：在你的工作中，很少有作品跟真实没有关系。

波尔坦斯基：我唯一幻想的东西，就是《影子》。其他的需要在真实里，物品的真实，照片的真实，总是和真实有直接联系。《影子》里的形式不是我自己的，而是从古老的影子剧院或以前的虚空画作（vanité）中抓取的。在一些作品里有时会有些古怪，比如，我在威尼斯把狗叫的声音放入场景之中，就是基于一件极其真实的事。当我在剧院工作时，我最大的缺点就是故作正经，太严肃，缺乏奇思妙想。在我的艺术里，少有幻想，极少。我说里面有幽默，是为了自夸。可能在《瑞士死者》里有一点儿幽默，但总体上是没有的。我的艺术是非常体面的，没有性，没有屎……大概对于艺术家来说，做体面的艺术是危险的，在过去，"体面的艺术"给出的东西不大好。但极简主义也是很体面的；博伊斯是很体面的；沃霍尔在生活中没那么体面，在艺术中是体面的。有一阵子的艺术趋势是挺体面的。一方面，这真的很合我的脾性；另一方面，有时候不体面，在我看来，方法有点简单。应该说我一点儿也不喜欢后超现实主义。后超现实主义者、虚假的变革、"狄俄尼索斯"、神经质，在我看来绝对是可笑的。后超现实主义的演说是我所惧怕的。这种演说，尤其是在我们圈子里，是沙龙演说，令我难以忍受。大概是因为我既保守又正统……继承乔治·巴塔耶的所有浪潮，我都受不了。超现实主义的精神走了样，有了"虚假的沙龙改革"这一面，我大为恼火。

格勒尼耶：那境遇主义者（situationniste）呢？时下很流行。

波尔坦斯基：我不怎么了解。我看过居伊·德波

（Guy Debord）的电影，在我看来绝对是值得赞美的。但它想要说的东西，我无法理解。我认为他谈论景观社会完全是有道理的，但深入来讲，我没读过他的书，我在这方面没什么才智。

格勒尼耶： 你的素材里，有从艺术史中汲取的形象吗？

波尔坦斯基： 我很恼火的一件事，是目前大部分的艺术都不谈生活，只谈艺术。尤其是这些年，整个创作部分都是对艺术的引用或反思，我没兴趣。虽然总是存在这样的事，但我觉得以前的情况是不一样的，更多是表达一种崇拜，即使是毕加索的作品。我觉得，今天围着反思打转的艺术，是在转圈儿，就像咬自己的手指……再加上，我厌恶"文字游戏"的部分。先是引用，再开些概念上的玩笑，在我看来，对于被嘲笑的艺术家并不好笑，我看不到其中的好处。我不是说我有道理，但我觉得自己更接近情感艺术，而在那些艺术里，我看不到任何情感。

格勒尼耶： 你经常去看演出吗？

波尔坦斯基： 很少。最近一次看的是皮娜·鲍什（Pina Bausch）。她是在世艺术家中我比较喜欢的。我感兴趣的，是除开舞蹈之外，她创造了一种无名的东西，不再是舞蹈，却又在舞蹈之中。其中有完全是光彩夺目的独舞，同时这是舞蹈之外的东西，一个完整的东西，视觉上非常美丽，还有语言等等。最初的几场不可思议，带着巨大的暴力。让我钦佩的是，她所做的越来越美。这是一个人能做到的最暴力、最可怕、最残酷的艺术。真的是在做关于纳粹屠杀犹太人，关于操纵人体的工作，只不过是用间接的方式。从另一方面说，六七年之后，她的作品有了变化，她发现了生活与幸福。所以，现在，她的演出轻快许多，里面有说笑，有年轻的舞者，我稍稍没那么喜欢了。同时，这也挺好，在某个年纪发现了幸福！要是我的作品，我也更愿意我的最后一场展览是幽默的、很欢乐的……

格勒尼耶：你是从她早期的演出开始看的吗？

波尔坦斯基：应该说我很早就认识她了，有十五年了，那时她已经做演出五六年了。我遇见她，印象深刻到我开不了口。接着，我就一直关注她做的事。对于我来说，这是舞蹈行业仅有的一个带来了某些东西的人，这是一种巨大的进展。我有个朋友，是个演员，他在剧院里很不愉快。最近，我建议他去当个画家。因为我觉得今天绘画这个行业能做点事了。绘画，从现代艺术的意义上讲，是个好演员能工作的地方。我觉得戏剧这个行业完全终结了，我们在那看到的百分之八十都难以忍受，而有话说的人应该去绘画。她一直待在舞蹈这一行，却以一种全然不同的方式在制作她的工具和她的团队……

格勒尼耶：舞蹈这行你有兴趣吗？

艺术的相似性

波尔坦斯基： 没有。我和多米尼克·巴古埃（Dominique Bagouet）做过演出，我认为他是个好的编舞者，但这是一场他的演出，我是附加部分。我认为我对他有影响，但是我对舞蹈一窍不通，我自己完全是个外行人，我的工作让人疲惫不堪。舞者的问题在于他们的工作太艰难了——从小就被关在舞蹈学校里，受限于复杂的技术——他们很难打破习惯。我能做的只有谈他的职业以外的东西，他接受了，因为他确实人很好。我们一起做过一个叫《天使之跃》（*Saut de l'ange*）的演出，不是很好。后来他做了一个叫《如此之快》（*So Schnell*）的作品，非常成功。这是我唯一一次同舞者合作，稍微对舞蹈有些了解。但和皮娜·鲍什不是一回事，她的艺术真的是我愿意做的。她最初的那些演出是我在世界上最想做的。

格勒尼耶： 你从未想过要将活生生的人体融入你的工作当中吗？

波尔坦斯基： 没有。在我最近实现的演出里，少有活生生的人体，隐隐约约有些人，有摩擦。我挺喜欢那些有活人的当代作品，比如库奈里斯（Kounellis）的作品。但使用人，让我觉得不自在的是对另一个人的控制。你可以在演出的两小时里控制某个人，但三周展期内却坐立难安，这是另一回事了。拥有凌驾于他人之上的权力，这一点是危险的。这是在购买一个人，购买时间，一个人的生命被当作一个物件。这很难操作。

克里斯蒂安·波尔坦斯基可能的生活

格勒尼耶：表演对你来说一直没什么吸引力？

波尔坦斯基：完全没有。我做过的算是表演的，只有"小克里斯蒂安"，我一生中只做过两次，也不是表演。我相当错误地对人体艺术和表演有消极的印象。我觉得那是很滑稽的，对于我来说是困难的，是自说自话：五点十五分，我撞墙，五点五十五分，结束了，我可以出去喝香槟了……问题是，在表演里，有始有终。如果你做了撞墙这样激烈的事，你不能预先告诉别人，我们也不能在之后看到你。我觉得美妙的表演是完全隐藏的，像阿肯锡做的那样，或者是极其惊人的行动，我们之前不知道的。

格勒尼耶：你觉得博伊斯的表演怎么样？

波尔坦斯基：我觉得这有点不一样，因为他的表演就像会议一样。它嵌在会议的传统框架里，虽然是荒诞的会议，除了那场和"郊狼"的表演之外，但是那场表演持续了好几天，因而就更不一样了。

我对博伊斯了解得很少。我是 1971 年知道他的，算晚了。我在卡塞尔文献展碰到过他，但没说过话，后来，我在布鲁塞尔，史泽曼做的一场展览上，又看到他，说了两句话。我对他满怀崇敬，但我从未接近过他。他可能甚至不知道我是谁。我碰到他的时候，他已经太有名了，太有分量了。萨尔基是唯一一个接近过他的法国人。他对于我来说相当于艺术的奠基人，还有沃霍尔，这两位艺术家是我的"父亲"。我真的觉得，博伊斯是 20 世纪下半叶

艺术的相似性

最重要的艺术家。

格勒尼耶： 你和沃霍尔碰过面吗？

波尔坦斯基： 没，我看到过他，却从未和他说过一句话。倒是有个小故事：沃霍尔在谢尔什-米迪路有房子，我跟他的秘书挺熟。秘书有次邀请我去公寓里举办的一次晚会，沃霍尔不在那，但是很欢乐……然后，大概六年前，又是这个人邀请我们，安妮特和我，到沃霍尔基金会所有的公寓里喝杯茶。那里简直像是幽灵住的……公寓里布满了灰尘，几乎没家具了。我第一次见过的那些人，有几个就在那儿，剩下的都去世了，而有个小伙子一直说："施纳贝尔在这儿睡过，还偷了沃霍尔的假发！"这些人都死了……这是唯一一段与沃霍尔有关的经历了。

格勒尼耶： 你觉得你的工作和沃霍尔的有什么相似性？

波尔坦斯基： 有很多，他对我影响很大。一方面，他是个在工作中持续关注死亡的艺术家，他的所有作品都与死亡有关。另一方面，在生命的最后阶段，他成为一个神秘的艺术家，至少存在很多问题。最后一点，他运用了搜集的图片、媒体照片。沃霍尔的《事故》（*Accidents*）和我的作品《刮擦》（*Scratch*），一本关于刮画的小书，只有微小的不同。就一件事，我们之间有代际差异。他身处于一个绘画的世界，而当我进入艺术场的时候，世界已经变了。我们不再需要用丝网印刷将颜色、图片印到画布上。我可以直接运用素材，从报刊上裁剪或再次拍摄照片，这样并没有更好。沃霍尔用颜色，用破坏图像的方式重演艺术……我，不可避免地，也在重演艺术，但是以另外的方式。他更接近图画，我跟物品、现成品更接近。不然的话，就很相近了，尤其是他早期的作品。但里希特的早期作品和沃霍尔也很相似。沃霍尔的《金枪鱼的灾难》（*Catastrophe du thon*）和里希特的早期画作，方式不一样，但是一回事。

格勒尼耶：可是，在70年代，法国不大看好波普艺术……

波尔坦斯基：对，我想想，法国当时看好什么，除了后马蒂斯画派！就只有新写实主义了。博伊斯此前在法国一直不被看好。蓬皮杜中心在博伊斯死前没做过他的展览，第一次是由史泽曼在1994年组织的。

格勒尼耶：好像是博伊斯拒绝了展览的提议……

波尔坦斯基：是的，因为法国当时有人冒犯过他。他在杜兰德-德塞尔（Durand-Dessert）画廊做过一场展览，为此创造了一出新剧，真的是参与其中，但他大概没有感受到有什么好处，因为没有什么对话者让他能做一场好的展览。他不被喜爱，有好几个原因。首先，有一种反对德国人的普遍情绪，尤其是像他这样的表现主义者。他一开始像皮娜·鲍什一样，带着"法西斯"的标签。比如索

艺术的相似性

纳本德夫人就因为这个无法支持他,而且,法国真的挺抵触表现主义的。博伊斯在法国没什么直接影响。除了萨尔基,少有艺术家倚仗他。《艺术新闻》(*Artpress*)之类的杂志讨厌他,对他们来说,他是最糟糕的:又是神秘主义又是法西斯主义。人们觉得博伊斯是反理性的,而法国是理性的国家。所以,我认为他感受到了这些,而我相信,他没有遇到引领他展览的人,能和他还有另外三个艺术家在一家小咖啡馆通宵聊天……

还有,在博物馆卸任的情况下,需要记住的是,上一代人所在的法国是相当激烈的,50年代的抽象主义曾经相当占优势,自命不凡……法国自认为是艺术的国度,使得许多外国艺术家离开。博伊斯与激浪派有关联,你仔细想想法国激浪派的艺术家,对他们来说,所有事都是在德国发生的——菲利乌(Filliou)一直在德国,在法国没什么名气。外国艺术家应该觉得法国是个愚蠢的国家。这一点是不是在法国延续到现在,我不知道……在这里,没有人能像切兰一样,在意大利召集好些艺术家创造出什么东西。雷斯塔尼在60年代初期与新写实主义者(Nouveaux Réalistes)一起做过,但他们很快就消失了。他们当中有很强的人,但没能形成像贫穷艺术那样的团体。而我们这一代,现在没有像雷斯塔尼、史泽曼或切兰这样的批评家或保守派,没有"头儿"了。

要说现在,我昨天和贝特朗·拉维耶聊了好久,聊的是《摇滚不朽》(*Inrockuptibles*)杂志上的一篇文章,主题是:"法国现在不好,我们在泳池底部,在威尼斯双年展上,一个法国艺术家都没有,真是羞耻……"这场谈话真的触及我的神经!我认为,首先,法国是个小国家,像西班牙、意大利一样,拥有比别的国家更重要的艺术家。其次,这个国家每一代都有两三个国际性的艺术家:现在是皮埃尔·于热等人。最后,布伦刚在古根海姆展出过,苏菲·卡尔(Sophie Calle)在国外有好几场重要展览,到处都有安妮特的展览……我发现这整个论战完全是可笑的。这种法国极端的立场,几年来,都是自怨自艾,一直说"人家不喜欢我们",我受不了!我们要说"雷贝罗勒(Rebeyrolle)没罗斯科(Rothko)那么有名",会好很多!不能混为一谈……

格勒尼耶: 你什么时候遇到的贝特朗·拉维耶?

波尔坦斯基: 我遇到他是在1985年圣保罗的双年展,法国部分是由米歇尔·努里德萨尼(Michel Nuridsany)组织的。他邀请了丹尼尔·布伦、让-皮埃尔·贝特朗、萨尔基、贝特朗·拉维耶和我。那段时期对我来说很艰难,我出发时状态不好。要说,说来玩玩的话,那是唯一一次我差一点儿就真的自杀了……我的票不可更改,所以整整十五天,我不能离开巴西。我必须做《影子剧院》(*Théâtre d'ombres*),但展厅一直没建好,简直是场灾难!当你把最聪明的人一起放到这样的环境中,他们就成了一群"休假的军人"。我们整宿喝啤酒,在街上踢酒瓶!极

艺术的相似性

其地沮丧。唯一的安慰是去一个大酒店里的瑞典酒吧，喝点阿夸维特。那时起，我长胖了……就在那儿，我遇到了贝特朗·拉维耶，他明显是个快乐的人，我成功地把他整个弄沮丧了！这就是我们友谊的开始。和贝特朗做朋友的状况令人惊奇，我很喜欢他，我们的艺术却大相径庭。我认为，我们的友谊是以此为基础的，我们各自在大不相同的领域里。我们对相同的东西没兴趣。比如说，他一点儿也不喜欢博伊斯。但这不会阻止我们一起思考，就像我们在巴黎市区的现代艺术博物馆一起构思了展览"就这样"（Voilà）。他很反对神秘主义，这成就了他的艺术之美，他的艺术是具象的。我一直认为贝特朗·拉维耶的艺术中有一种美，像基本原理的范本，像数学方程式。当然，他整个艺术还是比这复杂多了，但这一点在他的艺术中显而易见。

第十三章
阴暗岁月

波尔坦斯基：总之我有一段时间在创作方面很活跃，持续到了1993年或1994年的样子。接下来的几年，创作就慢了下来，少有新的东西。我换了几次画廊，之前在于斯诺画廊，后来去杜兰德·德塞尔一年，之后离开，去了伊冯·兰伯特画廊。1996年，我第一次在那做展览，我第一次想要重做之前的作品，像《支架》(*Portant*)这样重要的作品，还有《出让》(*Concession*)。我的工作再次启动，主要是从很简单细致的元素着手，带来一些改变。比如，我之前的作品里，灯泡发出的是暖光。后来，用了霓虹灯的冷光，我的作品没那么亲切了，明显地变阴暗了。接下来，展览的实现成了很重要的一件事。在我人生的这个阶段，我在博物馆做了数不胜数的展览，哪儿都有，从布拉格到赫尔辛基，我去了很多地方。有一些是顶好的，另一些没那么好，但每一次都是不一样的。在这些展览中，实际上我从未向博物馆借过作品。我要么再做一件，采用之前作品的原则，根据空间的功能用不同的方

阴暗岁月

《支架》，取景于"克里斯蒂安·波尔坦斯基——夜幕降临"展览
1998年1月30日—3月7日
伦敦安东尼·达法画廊
克里斯蒂安·波尔坦斯基与玛丽安·古德曼画廊（巴黎/纽约）惠允

式，要么构思新的作品。这一阶段显著的就是这样的工作，与空间有关联，真的是在创作。有几个显著的作品，

比如在蒂尔堡桥基金会（Fondation De Pont à Tilburg），我做了一件真的很好的作品。在那个地方真不容易，一个巨大的空厂房，其中一边有十个小房间。我想建一面饼干盒做的墙，把工厂里其余的房间完全隔开。在墙后面，有条差不多两米宽的过道，我在每个房间都放置了一件作品。在这次展览中，我展示了那段时期最重要的一件作品——《人类》，之后在巴黎又展出了许多次。这一工作是照片墙、大型作品的延续，但是规模更加宏大，为此我重新拍摄了我在那儿要用的图片。照片墙的想法是聚集大量的人。我在白教堂画廊做过一场，从在《案件》里获得的照片着手，将两百张图片无序地放置。《人类》有更多的照片。这件作品制作起来很贵，多亏了在亚琛获得的一个奖，让我能制作四五百张照片来完成它。后来，我设法每次展览增加数量。我在维也纳美术馆展示过它，重新制作了大量的照片。这对我来说是决定性的：一是视觉上，混合了各种各样的生命；二是怀疑的一面，混合了受害人和刽子手，对所有人一视同仁。里面也有死去的瑞士人、普珥节的孩子、无忧宫的纳粹、米老鼠俱乐部的孩子、《侦探》里的一些家庭照片、《案件》里的人……在80年代的系列回顾展之后，我一直把《人类》当作象征性的作品展出。

格勒尼耶：你在用杂志《侦探》再次做第一个作品的时候，进一步思考了关于受害人和刽子手两者的模糊界

《人类》,1994 年
取景于亚琛路易集市的展览
克里斯蒂安·波尔坦斯基与玛丽安·古德曼画廊(巴黎/纽约)惠允

线，在《人类》里面我们也发现了……

波尔坦斯基：我做第一个作品的时候，只是对《侦探》的"家庭照片"感兴趣。后来又做了好几次，在这些再次做的作品里，我感兴趣的是这样一个想法：跳出语境，凶手和受害人是同样的人。在把图片混合后，我不知道谁是谁。在柏林的汉堡车站，一座由旧火车站改造成的博物馆，我用《侦探》的图片做了一件巨型作品《储藏》。火车站还没改造好，我选了一间普普通通的带着木门、玻璃窗的候车室来放置作品。我定做了一些纸盒，让人做了一些展架，带着《侦探》的照片到现场，制作了这件作品。纸盒上粘着罪犯和受害人的照片，盒子里有一些文章，让人能够辨认出被拍摄者的身份。但不能打开盒子，无论如何，什么都混在一块儿，让人理解不了这些故事。这是要说明两件事：每个人都是受害者，每个人都是罪犯——可以说，都是罪犯——也不存在一张罪犯的脸；大概芭比有张诺贝尔和平奖的脸……每当人们看着这些照片，试图知道谁是罪犯、谁是受害人，绝大部分时候都弄错了。

格勒尼耶：你从什么时候开始用瑞士死者的照片？

波尔坦斯基：1990年，瑞士电视台做了一部关于我工作的电影，记者和我说起《罗讷新闻报》（*Nouvelliste du Rhône*），这份报纸上面的讣告专栏会配有被宣告死亡的人的照片。我让人买了大量的报纸，把其中孩子的照片剪下

阴暗岁月

来。我第一次用是在《储藏》展上，用饼干盒做成过道，把照片贴在了盒子上。接着我用放大的照片做了照片墙，和我在卡内基做的那两面墙一样。90年代，我用这些照片做了大量的作品。

格勒尼耶：你选用这些照片，有没有引起一些反对？

波尔坦斯基：在瑞士以外的地方，这让人发笑。就是为了这样才做的，这很正常，"瑞士"这个词和"死者"这个词在一起如此不搭，以至于有了戏剧的效果。这件作品根本不可能用死去的犹太人的照片来做。如果没有瑞士人带来的这一面戏剧效果，根本是不可能的。但瑞士人明白我不是为了嘲讽。1993年，我在洛桑美术馆做了一次大型展览，全是用《瑞士死者》做的作品，有各种各样的变化。我要求馆长不做开幕酒会。实际上，照片里人物的亲人来了，他们马上就明白这不是嘲讽，这更像是致敬，他们没有被冒犯。

格勒尼耶：这样放置或重新放置这些悲怆动人的作品，又常常与大屠杀有关联，会让你再次陷入焦虑，或者相反，你会保持距离吗？

波尔坦斯基：我得说，那些年有一些时期，我是极其阴郁的，心碎、痛苦、压抑。死亡的念头萦绕在我脑中……我真的是处在心理很阴暗的状态中，比90年代初期阴暗许多。但我的情况很复杂，因为在那段黑暗的时期，在别人看来，我同现在一样，吃饭、喝酒、玩乐……有些时候，我糟透了，但即使是那个时候，你要是说"来吃饭"，我就会来，我从没到完全不能行动的地步。这些阴暗的岁月可能和我的性格有关，但和我青春不再有关，这是无意识的。虽说我要再老十岁，才接近人们所说的"四十危机"，但是当我们到了一个新的阶段，就会联想到父母的死亡。

这很难说，甚至有点荒谬的味道，但我很长一段时间都生活在一个极其阴暗、阴暗萦绕的世界，即使是我笑和玩乐的时候——我很喜欢生活，活着，我很幸福——我也处在一个满是黑暗与邪恶的宇宙。尽管我的生活很幸福，我从未经历过那些灾难，但是我以特定的方式熟悉那些灾难，预想那些灾难，我在其中生活……像一个非常幸福的人，对他来说，理解自己会在五分钟之内被压垮，这并不为难，因为他已经知道了。我的作品变得越来越黑暗，那是因为我越来越阴郁了，以至于连在照片中对人的展示都变得太过无力。1999年我在伊冯·兰伯特画廊用巨型黑帐篷做的展览，传达了不可能性，甚至展示不可能性：你到了只剩下黑暗的境地。只要有一个形象，就有希望，你总能抓住一个人的微笑。但从某个时间起，照片没有了，甚至更阴暗了，只有各种各样的坟墓。

格勒尼耶： 1998年，你在巴黎现代艺术博物馆做的一场展览很有分量。

阴暗岁月

波尔坦斯基：对，这个时期对我来说重要的展览是"最后的年月"，比其他回顾展更重要，因为这真的是新的创作，有新的作品。为这个展览，我花了很多工夫，因为有足够的钱，我可以建墙，可以在地下放置作品……我认为，这是我大型展览中最好的一个，进展和过渡较其他来说要更好。

有一件作品，我挺喜欢的，在"最后的年月"里展示过，就是《床》（*Lit*）。我是带着真正做一件雕塑的愿望去创作的。在这样的精神下，我先做的是大型圣物盒：长方形的巨大"坟墓"，挂在不同高度的墙上，里面有张床，几乎看不见，因为被栏杆或磨砂玻璃板遮住了。这些箱子大小与人体差不多，里面真的有一张床垫、一床被子、一个枕头。让人想起教堂里的无袖长袍，长袍里边有具骨架。我喜欢这件极简的东西，一靠近就变得有料了。我很少展示它们，这件作品完全没市场。但在康托尔一类的表现主义、脏兮兮的作品中，哑光的灰色铁丝网箱子就没那么糟糕。然后，我做了一系列的《床》。这些作品与90年代初期出现的艾滋病有关。那段时期，我去医院看了数量庞大的病人，很多是死人。《床》里有铁和塑料制成的物品，各种各样的培养箱，像是为了避免传染。

格勒尼耶：这些作品里有对你父亲工作或你母亲疾病的回忆吗？

波尔坦斯基：我从来不知道在一件作品里有哪些模糊

左:《床》,1998 年;右:《黑色镜子》,1998 年
取景于"克里斯蒂安·波尔坦斯基——时间"展览
达姆施塔特区马蒂尔德高地机构,2006 年

克里斯蒂安·波尔坦斯基与玛丽安·古德曼画廊(巴黎/纽约)惠允

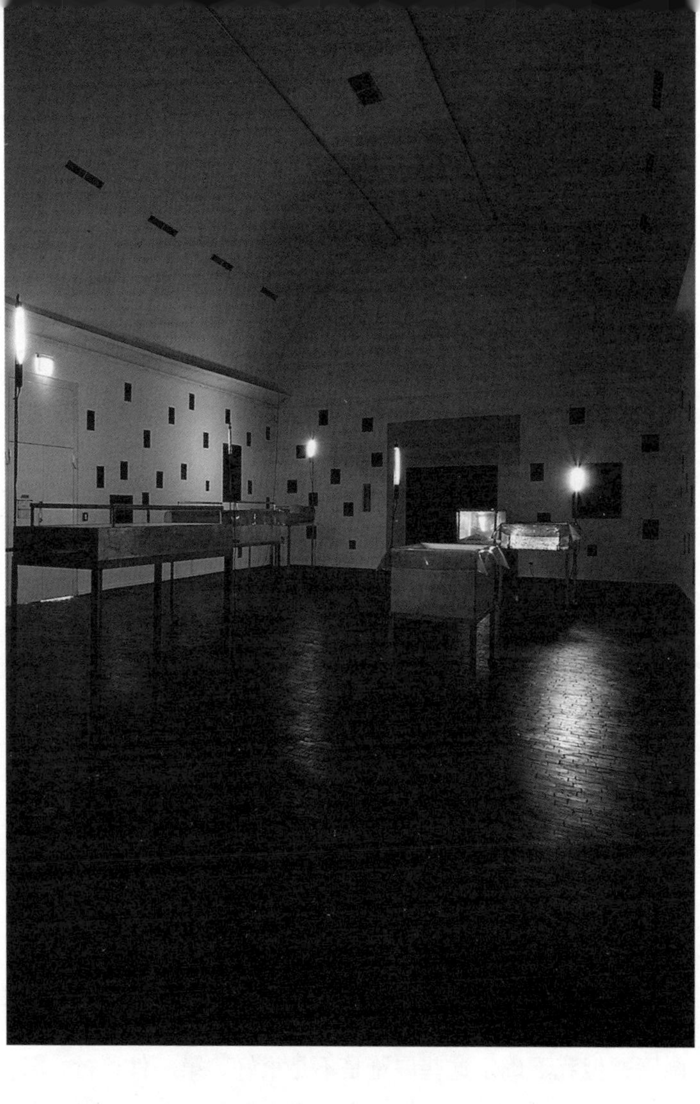

的记忆。小时候，我对疾病和医院有一种巨大的恐惧，我受不了医院。因此，即使我不觉得有直接关系，这些作品也肯定与对疾病的恐惧有关。

这些雕塑对应着一道真正的裂痕。有人的在场，一个枕头之类的，而更多的是拍摄的痕迹。从1996年到1997年这个时期开始，摄影成了我作品中边缘性的表现。大型作品里不再有照片，今天我对照片一点儿兴趣也没有，我认为摄影已经终结。我可以用照片做一份报纸，但我不会再用照片做作品。我最后一次使用照片做的作品很糟糕，关于疾病的，四五年前做的。我在一本医学书里找到一些疾病的照片，我做了整面墙的架子，在栅栏之下是照片，我们看不见。此后几年，人的在场，一直没变，用不同的方式表现：床、大衣等。

格勒尼耶： 所以，90年代那十年的阴暗岁月并没有让你停止活动……

波尔坦斯基： 没有，活动还不少。我完成了一些书，一些用好玩的"名字"做的作品，形式是虚空画，就像威尼斯双年展的那件，在意大利国旗表面刻上所有参展艺术家的名字。作品在纽约展出了三次，在玛丽安·古德曼画廊，但我不确定这些展览是不是很好。第一件还行，第二件没那么好，最后一件一点儿也不好！那些年我有了变化，是我没预料到的。我根本没意识到，到处展览，这种成功，事实上，注定无法持久。有一段时间，我一直是展

阴暗岁月

览者中最年轻的一个。后来我不是最年轻的了,我成了最老的,这很正常。以前没有我办不了展览,现在我感觉自己成了无人问津的"纪念碑"。尽管我依然受人尊敬,但不是一回事了。人们很尊敬苏拉热(Soulages),但不是因为这样才请他做展览。所以我有些难受。当然这是很正常的事,经过一个阶段,你的作品要么引人争论,要么被人丢弃:"挺好的,他以前是个好艺术家。"我继续完成展览,想着从今以后,我更多地成为历史的一部分。我自己,我感觉我不是很懂现在的作品,因为我和老一辈的艺术家联系更紧密,而他们都快要去世了。我在伊冯·兰伯特画廊的时候,年轻艺术家多到让我恼火!这种年轻化让我愤怒,它形成了一个普遍环境,在这之中,我感到自己受到敬重,同时也被推进了坟墓。之后,是演出在创作层面给我带来了更多的喜悦,因为在那儿,我再一次感到年轻,我在这个领域是个新人。在绘画界,我被当作80年代的画家,也有可能是70年代的,因而没什么可以再说的了。你不能重复,你不能再做十年前做过的作品,做了会很糟糕,只能是真的有新的创造,工作才能存在。这么些年的大力创作之后,应该要找些不一样的东西了。过去三四年的情况是,我在用声音,动态影像——尽管我不做视频,也永远不会做——我感兴趣的是微薄技艺……

格勒尼耶: 你会见年轻一代的艺术家吗?
波尔坦斯基: 会,和这些艺术家的有几次碰面很重要。尤其是和道格拉斯·戈登（Douglas Gordon）。我不知道是我影响了他，还是他影响了我，但我们工作的精神是一致的，他是当下艺术家中与我最相近的。托马斯·希施霍恩（Thomas Hirschhorn）不一样，对于我来说，他太像政客，太像知识分子。菲利克斯·冈萨雷斯-托雷斯（Felix Gonzales-Torres）这个朋友对我来说很重要，阿布萨隆（Absalon）也很重要。但是总的来说，近些年来的大部分事都离我太远。即使是道格拉斯这种情况，我很喜欢他的作品，他也很可爱，但我从未想过要和他一起做一件作品。有个代际的现象，道格拉斯与佩雷诺（Parreno）的关系比与我的更好，这很正常。

具体要说这段时期的话，《人类》之后我最重要的作品是《黑色镜子》（*Miroirs noirs*）、《支架》、《出让》，以及《维罗妮卡》（*Véronique*）。《维罗妮卡》稍微借用了《支架》的原则：灰盒子上盖了一层床单，床单后面能看见图片，比如圣人的图片。接着我做了《篷布》（*Bâche*）和《器具》（*Appareil*）：1999年我在伊冯·兰伯特画廊展出过，我取名为"风景"（Paysages）的展览，没什么市场……这之后，我用声音翻新了一次作品。

格勒尼耶：跟我说说你的旅行吧……

波尔坦斯基：对我来说，这样那样的旅行不是很重要，最重要的是在贝尔克沙滩的旅行！对艺术家来说，传统的灵感来源于东方的旅行；对我来说，是在贝尔克沙滩：我做过一件作品叫《贝尔克的沙滩》，很多件《典型图像》是在那做的，《幕间喜剧》中的部分彩照也是。旅行本身，我不感兴趣。1972年，我有幸参加卡塞尔文献展，从那时候起，我便与德国紧密相连，因为我的大部分朋友都是德国人。这之后，有一段时间，我经常去美国。总的来说，我曾经是个旅行画家，但我是以一种极其愚蠢的方式在旅行。我可以去到世界上的任何一座城市，路线都只是从酒店到博物馆，从博物馆到酒店，我没有看别的东西的欲望，我不感兴趣。我是最糟糕的旅行者！要是没有和工作相关的理由，我从不旅行。我会在一座城市试着找到一家合心意的餐馆，然后每天晚上都去这家。就这样。我不会跟任何人、任何东西有关系。我和人说话都是一回事，不管在加拉加斯还是在伦敦。旅行不会给我带来什么，除了我在不同国家工作，我有不同国家的朋友以外。我有很浪漫的想法，当我年轻的时候，艺术家有点像迁徙的候鸟：有些季节，它们一起围着一个湖……有段时间，我参加了大量的国际群展，总是见到一样的艺术家，隔三四个月又见一次，每次在不同的城市。我的职业需要大量地旅行，现在我仍然每隔十五天就出去一次，但不是旅行意义上的"旅行者"，会带来精神层面上的某些东西。我要在一个地方做点事，再见一些朋友。事实上，我从未旅行过。

格勒尼耶：你从来没想过要在纽约或杜塞尔多夫有一

《维罗妮卡》,1996 年
克里斯蒂安·波尔坦斯基与玛丽安·古德曼画廊(巴黎/纽约)惠允

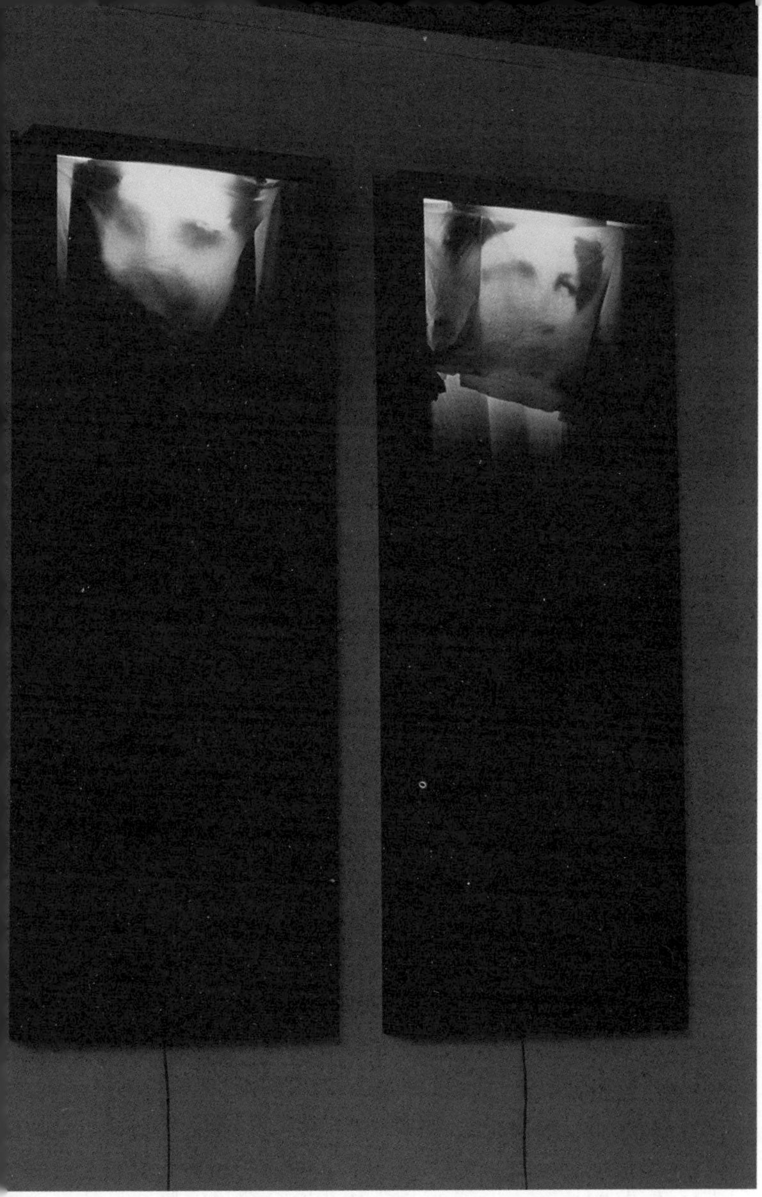

个公寓吗？

波尔坦斯基：从未。我在索纳本德画廊的时候，那里有安置艺术家的画室，我从没在那儿待过十五天以上。我从来都不想离开法国。一方面是因为我觉得我是欧洲人，我的祖父母选择留在欧洲，去了巴黎而不是纽约或别的地方，我和它是有联系的。另一方面，我发现一个法国艺术家到纽约有点丢人，好像那是艺术家唯一能待的城市似的。并且，我没有勇气——没有勇气离开我的家人，离开我的语言，我不是冒险家。从艺术家的角度，我想唯一对我有一点影响的国家是墨西哥。我极其喜欢这个国家，巴洛克式的教堂，印第安人制作的非常人性化的宗教画片，让我触动。我做了《影子剧院》之后，第一次去了那里，但我仍然对死者的节日感到很亲近，还有别的很多东西：他们与死者愉悦的联系，吃糖头骨的孩子，牵线骷髅……

格勒尼耶：这丰富了你的作品……

波尔坦斯基：是这样。我想高更不是在大溪地找到了某些东西，而是在布列塔尼。这之后，他在大溪地再次见到了他在布列塔尼已经开始做的东西。

格勒尼耶：但你在继续外出。

波尔坦斯基：越来越多，我只能按需工作。不是从特定作品的要求着手，因为展览是我的目的。我脑中有一个空间，然后制作一个展览。我现在无法只为自己做一件作品，没有明确的方向。推动我工作的，是向着一个目标做事，从物品展示的空间开始思考。所以，我在不同地方做的所有展览，都推动着我的工作。我所做的一切，都与区位和空间有关。我没有了关在自己家工作的能力，几乎没有。我根据邀请我去的不同地方做出反应。我想，不应该以同样的方式在车库、教堂、堡垒博物馆或1880年建成的博物馆工作……展览是一个整体，得考虑城市、地点和空间，内部是我能够重新诠释的已有展品。在我的展览里，作品的时期逐渐混淆，我把作品的背景捣碎又重组，时不时又加入新的元素，有时候甚至是一件之前的作品。我总是说，当我做一件作品的时候，我像个夜里回家的人：没有吃的，打开冰箱，看见两鸡蛋、一节香肠和三个土豆，接着下锅炒。在平底锅里炒，也是在生活里炒。当我做一场展览的时候，我脑子里有好些东西，我把它们下锅里炒……

格勒尼耶：你怎么准备展览？你有小本子记下你的想法吗？

波尔坦斯基：没有，不算是。真的是巧合。我今年（2005年）在玛丽安·古德曼做的展览正值画廊二十周年，开幕式必然会有很多人，由于我害怕我的展览有很多人，我想要填充空间，改建到让人们待不下去。我最初是想用饼干盒堆成的塔填满画廊。后来我想过放置大木头桩子……我设想了一幅朝圣地的图像，在拉脱维亚或爱沙尼亚,有十字架山,成千上万的十字架,大大小小、层层叠叠。我希望,像往常一样,有很多人在作品里,不是用照片。我想传达这样一个问题——"什么是人?",尽可能用最抽象的方法,所以,我想到木桩子可以代表人。但最终不合心意,因为对我来说,这太简单、太抽象了。我找到了另一种解决办法,我想,是个好办法:两个木桩子,一件大衣披在外面,一盏小灯做成脑袋。你真的会觉得,看到了贾科梅蒂的行走的人。有六十个放大的"人",比原本的人大一点。在里面,有一个小小的高音喇叭,当你走在它旁边,它就会说一句话。开头是"我有"或"我是",也就是一个人会说的第一句话。像这样的短句,有六十句,随着观众的行进而引发。这是第一个展厅。我最初的想法是用厚塑料制成的薄屏幕分开大厅,就像超市那样,投射出人脸,就像儿童书里那样,眼睛、鼻子、嘴巴被分解,以便组成不同的人物。这样投射的就是持续变化的人脸。当有人穿过帘幕,图像就会稳定。接下来是一小段走廊,带有黑色的镜子。而"你是谁?"这句话在最后一个拱形的展厅内,我想放置的作品是我的心跳声。所以,一开始我的想法多种多样,满满的"人"在说"我是",被制造,再制造,用心跳作为统一的结束。但最后,我推翻了后两件作品,我把人脸投射在了墙上。如果参观者想要停下影像,得借助一个电子系统。这个展览叫"获得话语"。这个关于人的想法,我在波兰用过,就这样跟着我溜达。

阴暗岁月

格勒尼耶：你经常去波兰吗？

波尔坦斯基：五六次。它有点像我"遗失的国度"，我在华沙做展览的时候，我管那叫"回去"。我想，每个艺术家脑中都有一个国度，一个梦想的国度，事实上，他不想回去，但它就像一个失乐园，对我来说，它就是波兰。还有白海和黑海之间的某处。与此相关的一方面是我对坎托的友情和崇拜之情，另一方面在于波兰是最后一个哪里都不是的国家，笨蛋的国家——因此，它有这么好的艺术家，全在于它是一个可怜的国家，挺合我意。事实上，我没有波兰血统，我有乌克兰敖德萨的血统。

格勒尼耶：你什么时候选择了波兰？

波尔坦斯基：我想真的是在坎托的影响下。我对他有无限崇拜。电影艺术家之外，皮娜·鲍什是我在艺术行业最喜欢的。我喜欢催人泪下、令人怜悯、微不足道的那一面……我有个波兰朋友总是说："完全的悲伤。"我就是喜欢波兰"完全的悲伤"。人们穿着黑大衣，因为老是穿，都快变成了灰色，这些无用的人，整夜谈论改变世界……辛格（Singer）也是这样……这是个不幸的国家。

第十四章
死亡之前

格勒尼耶：1999年对你来说很重要：你参与设计了巴黎现代艺术博物馆的展览"就这样"（Voilà），你完成了作品《联系簿》（Annuaire），在工作中引入了新的元素，你称之为"游戏规则"（Règles du jeu）。

波尔坦斯基：苏珊娜·帕热要贝特朗·拉维耶和我考虑一下2000年的展览。我们想说，做一场以档案为主题的展览会很有趣，一是因为与时间有关，二是因为这个主题足够广阔，可以聚集差异很大的艺术家。我对这个主题特别感兴趣，又跟很多艺术家很贴近；积累资料对于20世纪下半叶的艺术非常重要。我不想参与筛选，我想这不是艺术家的工作，我们作为展览方式和空间的顾问介入其中……大量的会议花了我很多精力。真的是由博物馆的团队做出的选择，里面有我不喜欢的作品，但我觉得这是一个好的展览，有点累赘，但是好的。混杂了好几代人，比如我从来没见过的迪特·罗斯（Dieter Roth）的作品、安里·萨拉（Anri Sala）的第一件作品……对我来说，那是

死亡之前

一段快乐的时光,因为我玩得挺高兴。

我要提一下这次展览的一件作品。在此之前,有个人,什么情景我忘了,要我考虑 2000 年的作品。我跟他说,得给地球上所有的人起名字。这个想法我几年以前在明斯特就有了,我心说我要实现它。但我很快发现这不可能。尽管有了电脑,我们可以获得数据,但是因为每个名字说一遍,一共就需要超过五年的时间,日日夜夜地说,随着人们出生与死亡,名单必然会作废。这是个不可能的空想计划,但在当时的情况,唯一要做的事就是:计算同胞的人数。以这个为出发点,我有了电话簿的想法。首先,我很喜欢这东西,我在马尔默(Malmö)的一次展览用过。我为了名册,要他们买了几千份前一年的联系簿,不贵,却是最厚的名册,几乎有一千页!我插入了两页纸进去,从发行日起所有死者的名单和一份勘误表:这些人已无法通过电话联系。为了展览"就这样",我想收集世界各地的联系簿,尽可能多的联系簿,获取全世界所有人的姓名,至少是有电话的人。最终,我们收集了成千上万的联系簿,意味着有三四亿人。可以打开联系簿,看看阿比让(Abidjan)的"X"先生住在什么样的街道,仅仅这一件事就会产生一种情绪。而了解到圣赫勒拿(Sainte-Hélène)也有一家比萨店让我感动。几乎到处都有比萨店,在所有的国家,这在世界上是最普遍的事!我们——反正我——很难想象地球上其他人的生活。旅游的时候,想到我离开的地方,生活依然在继续,我深受触动。咖啡

克里斯蒂安·波尔坦斯基可能的生活

馆里总是有人，到处都有生活，而关于那些生活，我什么都不知道，我不了解。找联系簿成了一种游戏，这很复杂，我们和使馆、电话公司打交道，博物馆真的得做大量的工作。所有这些联系簿构成了巨大的藏书，我在"就这样"里展示过，后来又在伦敦，南伦敦画廊展出过。那是在伦敦西部的一个街区，那里住了很多移民。这件作品很有市场，来的人是为了找自己在祖国的姓氏。我自己在国外的时候，我做的第一件事就是看联系簿上能不能找到自己的姓，很多时候都是罕见的名字。这种反应是正常的。我挺喜欢这件作品，因为它不仅仅是可观看的，我们还可以触碰联系簿，它有用处。这件作品在巴黎现代艺术博物馆展出时，分量不断地增大：不再是整个2000年的联系簿，而是世界各地的联系簿。

格勒尼耶：这是你最具概念性的作品吗？

波尔坦斯基：是的，但同时它很情绪化，即使不是视觉形式。这是我做的各种各样"名字"的展览——给人命名——的继续。第一件是1991年在卡内基国际展览（Carnegie International）上，我用所有参展艺术家的名字完成了一本书，和印着这些名字的纸板做成的大型作品《储藏》。这件作品是再做的，之前用另一种形式在威尼斯双年展的意大利馆做过，接着在哈利法克斯（Halifax）用工人的名单做过。接着，我用瑞士死者的名字做了一些作品。所有这些作品的想法很简单，有一个名字，有一个

死亡之前

人。给出一个名字,就指明了一个人的唯一性。监狱式的社会或独裁的社会趋向于抹去名字,用编号代替。在法语语言中,"波尔坦斯基·克里斯蒂安"比"克里斯蒂安·波尔坦斯基"少一点人情味。在学校、监狱、军队,我们把姓放在名前面说,这是种贬低个人的方式。在我的工作中,无名者的照片,一个名字或一件衣服,想法一直都是个人的在场或缺失。这里有个人或曾经有个人。指明一个人在场也意味着这个人的缺席。

到了2000年,我参加了几个跨世纪的展览。尤其是在波恩的那个,没什么市场,一个不太好的大型展览。我在一个小展厅内放置了三台终端,就像我们在新闻社看到的那样,时髦的传真机,法新社传递消息的那种。消息不停地传来,快三个月的时候,整个房间塞满了纸,以至于不能再进入。我非常喜欢这样的想法,在一间房子里有全世界发生的事。新闻社奇妙的是,为你提供所有到达的消息,不管是车祸,还是大灾大难,抑或是重大政治事件。这件作品也与档案的工作相关,但方式不同。它让人了解世界上我们从未了解的那部分,因为报刊筛掉了很多信息。但不幸的是,没人看这件装置。它的位置离博物馆入口太远了,没有人流量……我在英国做了另一件这样的作品:我在展览空间内放置了一台复印机,每个人带来他的照片,把它们放大后粘在墙上。展览最后,墙上覆盖了好几层照片。

克里斯蒂安·波尔坦斯基可能的生活

格勒尼耶：所以"游戏规则"系列的作品会采取很不一样的方式。

波尔坦斯基：对，比如作品《衣物散发》(*Dispersions de vêtements*)（简称《散发》）也和"游戏规则"有关系。第一次是1993年，我在火车站台的空间筹备的。规则是先有个旧衣服仓库，然后提出让参观者以很低的价格购买。给他们一个塑料袋，他们可以装满。这些人会遇到两种情况：要么把衣服放在袋子里，拥有一件我的作品——袋子上写着"克里斯蒂安·波尔坦斯基，散发"；要么使用低价购入的衣服。这样的作品与复活的想法有关：当你买一件二手衣服的时候，它有了新的生命，它重生了。没有开幕，我们只是寄了一张卡片，上面标着"从今天开始"，所以人们在收到卡片之后才来。看着人挑衣服、试衣服，挺好看的……《散发》持续了差不多两周，出手了三四吨衣服。接着，我在纽约做了另一场《散发》，在哈莱姆（Harlem）的一座新教教堂。在公共艺术基金会（Public Art Fund）提议的活动范围内，我完成了一系列散发在城市里的介入活动。其中一场介入是在中央火车站（Grand Central），从在火车站找到的东西开始。那里有一间巨大的失物招领办公室，我把所有东西放在大厅中央，作为设置的情景。另一场是在纽约历史博物馆完成的《清单》。我还在纽约南部一座犹太教堂放置了一件声音作品，为此我们请街区的孩子，主要是犹太人和中国人，讲述他们知道的祖父母到美国的故事。第四部分是

死亡之前

《散发》。这四件作品每次都和特定的地点有关。这次展览没什么市场,因为我犯了一个错,没有考虑到在纽约各处相距太远,没人对项目有整体的观感。

《失物招领处》(*Bureau des objets trouvés*)这件作品在慕尼黑艺术之家重新做过。我们把整个办公室,包括工作人员,搬到了博物馆。我在一家杂志上刊登了所有招领物品的图片,人们可以来博物馆认领。展览最后,像失物招领处经常处理找到的物品那样,我们组织了一次未认领物品的拍卖。我喜欢这个想法,所有都消失。拍卖的当晚,我对主任说:"好极了,有八百人!"他回答我说:"对,当我们不做艺术的时候,总是有市场。"他说的有道理!

格勒尼耶: 在这段时期看到很多你作品中重要的变化。

波尔坦斯基: 从这时候起,我的工作里有了三种动向。首先是"游戏规则"系列的作品引入了有些不一样的特征,可以说是概念性的,但我不这么叫,因为我根本不是个概念艺术家。接着是大型临时装置。我之前已经做过,但它太占地方。像我在墨西哥、日本,最后在雷焦艾米利亚(Reggio Emilia)完成的那些装置,原则是要有一个很大的地方,什么都不带,让人制作一些东西,展出,最后全部销毁。除此之外,出于愿望也是出于必要性,我继续在做作品。

如果要找近十年完成作品的特别之处,那就是我在自画像上比之前投入了更多的想法。展览带有的名字,直接提及我即将消失。比如，我在普利厄城堡做的一场恐怖的展览，名叫"最后的日子"。那是很糟糕的回忆，一生中最坏的噩梦之一。伊冯·兰伯特让我认识了作家雷诺·加缪（Renaud Camus），他在自己的城堡大概举办过几场展览。我到那个地方，一个巨大的中世纪城堡，非常偏僻，去布置一场展览。我没有汽车，没有吃的，而他整夜在外散步，揍他的狗。我真的像是在坐牢，在一个很不舒服的房间里，还听到狗在惨叫。我不知道他是不是个好作家，但他极其讨厌。当我指责他反犹太主义的时候，他自辩说，他给我做了展览。这一点正好说明他是真正地反犹。总而言之，展览名叫"最后的日子"，接着有了"最后的年月"……而我们一起做的工作，包括采访，也和这种在死前积累一些东西的意愿有关联。近些年，我完成了很多和我自己的消失相关的作品。蓬皮杜中心的作品"档案"（《克里斯蒂安·波尔坦斯基不可能的生活》），在这部作品里，我展示我老去的面容，或者我的心跳，也是其中一部分。以前，我的作品谈论的是童年的消失或普遍意义上的消失，但是现在有了更像是自传的一面。近几年出现另一个现象，没有照片了。现在这些照片让我不舒服，因为它们过多地展现了一个人，它们在情感上的作用太强。我宁愿保持更多距离，而不是和图像直接相连。

格勒尼耶： 你没有完全丢弃照片，你还使用自己的照片。
波尔坦斯基： 对，因为是我的。《面容》（*Visage*），

死亡之前

我在玛丽安·古德曼画廊展示的作品，也用了照片，但它们被剪过，这是个非常特殊的装置。上一次我真的用照片，是在1996年的《出让》，一件在伊冯·兰伯特画廊从《案件》出发所做的装置，里面的照片几乎什么都不展现：不再是人类，而是地点，没什么令人怜悯的。这不会阻挡我，在近期的大型临时装置中，比如墨西哥，使用我在那里找到的高级照片的复印件，和其他元素混在一起。

《目光》，2005年我放置在犹太教艺术与历史博物馆的作品，也是摄影作品，但它是我十多年前作品的再现，重新激活。作品中只有眼睛，没有可辨认的脸，情感上是不相同的。有趣的是我在不来梅市卖这个作品的方式。几年前，这座城市授予了我一个雕塑奖，随之自然而来的是委托艺术家工作。我当然不想做雕塑，所以我提议给他们六件《目光》的版权，每年务必在城市里四散的广告牌上至少展示一次。因此，这成了公开的委托，但从来都不是在同样的地方观看。根据选择的城市，这些图像可以放置在市中心，在郊区，集中或散发……我感兴趣的还有，我只是再添了一个小磁盘和一份合同，这之后，是他们让这个作品运转起来。我用这些图像做了好几件作品——我对这些目光感兴趣，恰恰是因为它们不是整个的脸。我总是用同样的原始材料，我不需要改变，我只是用不同方式对这些图像再加工。当我从这些目光出发做两件作品，一件是纸上的，一件是布上的，我不需要找新的目光。我看不出换图像有什么好处。一般来说，我总是从相同的存货

《目光》，2006年
上图：达姆施塔特区街道海报
下图：克里斯蒂安·波尔坦斯基惠允

死亡之前

出发来工作,我觉得这样更好。当我在委内瑞拉做一件《目光》的时候,我拍了委内瑞拉孩子的照片,但事实上,这对作品没什么改变,可能甚至让它变弱了。在玛丽安·古德曼展示作品《再一次》(Être à nouveau)的时候,面容的碎片构成了混杂的个人,我在要使用的图像上犹豫再三。我找我的一些学生要了他们自己的彩色照片,最终我选择用瑞士死者的黑白照片。为什么要换张脸呢?没理由啊。我喜欢这样想,是死者给了新的面容生命。

格勒尼耶: 你能认出你使用的瑞士死者的脸吗?

波尔坦斯基: 我对他们很熟悉。我知道他们的故事……在我的艺术里他们的故事,有时也有他们私人生活中的。

格勒尼耶: 你在 2005 年用全国视听研究所(INA)的材料完成的作品也是带着自传的背景。

波尔坦斯基: 这件作品是偶然的产物,对我来说,确实是重要的作品。全国视听研究所邀请我用他们的材料工作,我收集了 9 月 6 日我生日这天所有电视杂志的图像,我出生的这一天发生的所有事情。这些图像以超过三千倍正常速度的极快节奏滚动播出,因此,我们什么都看不清,但参观者可以按下一个按钮停止图像滚动。因此,这是六十年的生命在三分二十秒里滚动……在这些图像里,同时有最后一幕剧,有一个歌者,接着是越南,出生在以色列的犹太人和夏蒂拉难民营,全都在这儿,在同一个背

《再一次》，2005 年
取景于《克里斯蒂安·波尔坦斯基的档案》的装置
2008 年 9 月 5 日—12 月 14 日，斯德哥尔摩 3 号商场
马丁·吕内伯里拍摄
克里斯蒂安·波尔坦斯基与玛丽安·古德曼画廊（巴黎/纽约）惠允

死亡之前

景里。当你随机停止图像,大部分时候你会撞上戏剧化的东西,也许是被遗忘的明星或是时装秀。图像太多,以至于你永远不会两次撞上同样的东西。对于我这一代的人,它的功能有点像"我想起",我们总会隐隐约约辨认出一些东西。这件作品有两个层次。首先,这是六十年历史的一个概括,一种浮华,因为大部分东西已经完全消失,所有曾经非常重要的人被彻底遗忘。其次,它让人想起生活的浮华,这很古怪,我想着要把它做成莎士比亚笔下"喧嚣与愤怒"的世界。"我想起",浮华、喧嚣与愤怒,这方方面面构成了我的自画像。这是公开的自画像,在这之前,我刚好做了更为私密的作品,在那里面,人们看到我在老去。

有两三年了吧,我感觉我的艺术中,比几年前更舒服:我觉得老了很多,所以,这些东西对我来说更加没什么差别了;演出让我接触到另一个领域,让我学到了很多,让我的艺术真的有改变。大概是这样,现在对我来说,要是没有具体的计划,工作就没什么意义。我的问题之一就是我很少工作了,所以我无所事事。我不写信、不回电话、不当文秘,我几乎对什么都不感兴趣,我一天花两三个小时看电视……有时我心想,真的是在过退休生活!同时,每年我做几个展览和大量的演出,我不能更活跃了,但我总感到自己没有被填满。近七八年里,我生活里最大的事务就是展示一些计划,通常没有实现:创办免费杂志,思考新的展览形式、新的双年展,等等。当下,要是继续抱怨的话，还有我的很多笔友都消失了，太忙或者开始了退休生活……

第十五章
作品的生命

格勒尼耶： 你是巴黎美术学院的教授，你教学生什么？
波尔坦斯基： 我什么都没教，只是在唠唠叨叨。昨天，因为一个学生计划做一场展览，我们就寻找什么能作为有趣的邀请函……我给他们讲故事，讲奇闻轶事，我给他们解释怎么创造一些方案。比如：在一个平庸的文化中心展览时怎么脱颖而出？我讲课完全没有理论，只有一点模模糊糊的人文主义内容。我总讲同样的事：我感兴趣的艺术是人的艺术，我偏爱的艺术家是菲利克斯·冈萨雷斯-托雷斯，因为他的艺术完全是基督徒式的，重要的是，要以深情的目光看待人和物，而不是以嘲讽的目光。我对教学很有兴趣，我认为给出一些东西很重要。我相信这些学生没什么要学的，但对他们来说，很重要的一点是了解一位艺术家，从日常生活了解他：知道他抽烟，知道他总是重复同样的故事，等等。他们得从观察开始，最终明白什么是自己的"主题"。每个艺术家，每个人，可能都有各自的问题，且伴随他的一生。他很难去接受他的问题，他会试图去讲别的东西，但某个时间，他会明白，事实上，他不得不讲这个问题。从这个意义上讲，我们得帮助这些学生，阻止他们逃避这个问题。

格勒尼耶：你与博物馆的关系如何？什么时候博物馆开始买你的作品？

波尔坦斯基：我对博物馆总是很感兴趣，把它当作谈话的地方、回忆的地方。我经常去博物馆——人类学博物馆，小的博物馆……博物馆是我喜欢的地方，因为正是缺席指明了一种在场，只有死去的人才存在过，只是现下不在了。博物馆很早就开始买我的作品，从我在国家当代艺术中心做展览开始，紧接着就是蓬皮杜中心。最初，我的作品更多地卖给博物馆，而不是收藏家。我卖得很少，但都是卖给博物馆。我受的教育有点"左派知识分子"，让我总是看不上私人收藏家，相反，卖给博物馆，总是让人很高兴。我知道有很了不起的收藏家，但我并不经常碰到。安妮特和我，我们俩从未见到我们命中的收藏家，实际上，我们一个都不认识。我们两个都活在这个圈子之外，拒绝能接近我们的所有人——我认为这样很安全。

格勒尼耶：蓬皮杜中心已经收藏了你的大量作品。你认为这样的收藏应该以什么样的方式完善？想到待在博物馆的作品，你会保留一些东西吗？

波尔坦斯基：我不保留大物件：我的想法一直是，作

作品的生命

品可以再做，也不完全是这样；另外，有分量的是想法，而不是物品，而想法可以重新被激活。比起为了在某地展出从博物馆借一件作品，我还是喜欢重做，这样花的时间更少，也没那么复杂。我有这样的概念：作品是供品。相反，我好几次有意重做"坟墓"，我这么说，是因为《音乐学院的储藏》（*La Réserve du Conservatoire de musique*）这件作品——我完成的最大的一件作品——被永久放置在拉维莱特。在巴黎现代艺术博物馆，有一件在地下展厅常设的作品——《儿童博物馆的储藏》（*La Réserve du Musée des enfants*），很快就会大量扩展。我越来越认为，我的作品好比乐谱，我在"演奏"，展览就像一次又一次的演绎。我一边"演奏"，一边改造。总之，当我重新制作了一件作品，它就成了一件新的作品，但它的生命周期是有限的。当我在蓬皮杜中心看见我的作品，我很高兴，也很骄傲，但同时，那些已经完全不是我的作品了。如果我要重新"演奏"，将是另一种方式。问题是，我认为，我死之后，没有人会"演奏"我的作品，无论如何，只有我自己"演奏"的时候，它们才真的存在。我认为，塔皮埃斯（Tàpies）和博伊斯之间最大的不同，就是塔皮埃斯的作品不需要"演奏"，而博伊斯的作品需要"演奏"。

格勒尼耶： 但是，博伊斯死的时候，说是作品也会死去，但最终情况不是这样。

波尔坦斯基： 对，因为博伊斯也是伟大的雕塑家。但

245

是不管怎样，去阿姆斯特丹看看他自己放置的东西，比去泰特现代美术馆看回顾展好多了……除此之外，博物馆的问题是，就像图书馆或字典一样，我们在里面找到的都不再是那些作品了。在我的工作中，当我做一场展览的时候，这些作品互相交谈，整个空间就构成了。观众进入某种东西，他不用看一幅画，他就在一幅画的内部。而在一家博物馆里这样做极其困难，除非真的构造一个特别的空间。必要时，在蓬皮杜中心的博伊斯展厅用上滚毛毡，《宣誓》就有作用。但是必然地，并不是反对博物馆，这种一格一格的系统，从一个艺术家到另一个，换频道一样，对作品的感知是完全不同的。因此，我认为我做的一部分东西会消失。博物馆的藏品会成为别处存在事物的回忆，从中我们会看到一种微弱的反射。这种影响在绘画上较小，一幅画就是一幅画，但对于装置来说，是这样的。此外，即使是绘画，今天，当你在同一个展厅里看到马列维奇（Malevitch）和蒙德里安（Mondrian），和你在马列维奇工作室的一角看到的是无法相比的。那只是回忆，而不是事物本身。

格勒尼耶：你不觉得和别的艺术家交锋推动了你的工作吗？

波尔坦斯基：不，完全没有，正相反，有充分的理由。在博物馆展览有一个大问题，即使是个展，人们也知道他们去看的是当代艺术展。他们脑子里会有一点想法，

作品的生命

告诉他们这是"当代艺术"。这个时候，整个感性的部分被破坏了。如果你在别的地方展示作品，他们不知道发生什么，他们不是很清楚，这个时候，他们可能被触动。一旦一件作品有了标签，你能看到完成时间和所有信息，情感的部分就消失了。观众应该在来的时候不知道是什么展，晕晕乎乎的。至少这是我所希望的！但如果他们能理性化，想说"瞧，是吧，这是20世纪下半叶的画作，一件后期的作品……"，与作品的联系就不一样了。因此，对艺术家来说，在博物馆工作总是困难的。当我完成一个展览时，我试图做到让参观者尽量忘记他们身处博物馆。我想要他们迷失方向，因此，我总是使用昏暗的房间，为了让他们不再感知到地点，不再知道他们身处何地。比起构造博物馆，我更喜欢租车库或公寓放置作品。我在博物馆里学到了很多，我无法完全反对，但是穿过蓬皮杜中心的大厅，上楼，看看展览里的几幅糟糕之作，破坏你接近作品的心，一切对你都差不多，情感消失了。尽管好作品还留有一些东西，但是，我们失去了本该在别的地方无意中发现作品的那部分感性……去博物馆并不是无用的，就好比翻一本图书。我的愿望是，在我消失之后，人们根据空间重新放置我的作品，与我一同给作品加上印记，就像索尔·勒维特（Sol LeWitt）为他的"墙画"（wall drawing）预测的那样："某人对克里斯蒂安·波尔坦斯基一件作品的诠释"。

克里斯蒂安·波尔坦斯基可能的生活

格勒尼耶：当别的艺术家使用和你一样的词汇，但是说别的话，你怎么应对？就像安·汉密尔顿（Ann Hamilton）在红磨坊做的那样，运用悬挂的衣物。

波尔坦斯基：我不能说这就是抄袭。有时候会有相近的东西，但不一定就是抄袭。但是，这样挺烦人的，在这种情况下，可能会阻止你继续本想继续的工作。我总想对让-皮埃尔·雷诺这样我十分尊敬的艺术家说，瓷砖贴面在发廊的流行毁了他的作品。一件东西在公开场合往来太多，运用起来就会变得困难或者不可能。我不再使用有点老旧的黑白照片，其中一个原因就是这成了一种套路……这个时代，对我来说，就是这么回事。这周我在美院的入学考核中，看到有四个人又做这个！这就打消了我用这类照片工作的念头。但是，我很喜欢安·汉密尔顿，尽管有些时候他的作品缺少一点暴力。

格勒尼耶：你想过你死后作品的未来吗？谁将获得你作品的精神权利？

波尔坦斯基：我相信是安妮特，但我还没想过……我宁愿没有获得者。因为杀死艺术家的，正是寡妇和秘书！相反，我认为应该有这个自由说："这件博伊斯的作品演奏得不好，索尔·勒维特这件演奏得不错……"应该要为作品重新注入血肉，就像一位钢琴家赋予肖邦新的躯体。我不是很想选一个特定的人来再度诠释，因为我更喜欢有各种各样的人和各种各样的诠释。我的作品不是固定

作品的生命

的。首先，有一部分会自行毁灭。接着，它的形式会根据地点有很大变化。只有在创作的状态中，作品才能存活。这是我的艺术存在的一个弱点，但我认为，只要放置的人改动作品的时候，试着去找到其中的精神，而不是字面意思，作品就能存活下去。即使所有都化为粉末，作品也可以再做，没什么大不了的。这事说不清，因为我几乎都是在做纪念品。同时，我的讲话、我的见解，都不重要，只有想法最重要。

举个例子：作品《联系簿》，我展出了三次。在巴黎展览效果不好，在伦敦还不错，去年，在米兰，我认为还不错。但每一次，作品的形式都完全不一样。巴黎现代艺术博物馆的馆长担忧联系簿损坏。但有什么大不了的？我想要的，就是人们读联系簿。物品一无是处，只是联系簿丛书罢了。

格勒尼耶：你赞成萨尔基的想法吗？应该把博伊斯的钢琴搁着，不用保护，损坏了就换掉表皮，再在墙上展示所有的表皮。

波尔坦斯基：毋庸置疑。我认为这完全是作品的精神所在。既然博伊斯做了一次，这样的事就应该持续地做下去。这是时间的痕迹。没有任何理由保护这层老旧的表皮，又不是博伊斯做的。我梦想有一个博物馆，只保存游戏规则和方案。为什么不做理查德·朗（Richard Long）或卡尔·安德烈（Carl Andre）的复制品呢？为什么要转移？为什么要保护？为什么不放到街上去？石头被偷了，有什么大不了的，可以用别的石头代替。没道理。另外，得找到有勇气重新演绎这些作品并署名的人。我希望能继续存在——这种愿望大家都有——我表现的三种方式：有几座我能安顿的真正的坟墓；有可能，有希望，人们会再次演绎我的作品；还有构造一种"样板生活"。我在谈论的根本不是我的私人生活，而是我的"样板生活"，也就是人们讲述的关于我的故事。这有很多喜剧成分在，但真是这样，我们用这些访谈做的就是样板生活。这是一种传递的方式，不是通过物品，而是通过故事。所以，由于我不写东西，我的部分样板生活通过话语传递，都是些传闻。

格勒尼耶： 那你赞同作品的题目很重要吗？

波尔坦斯基： 赞成，对我来说，展览和作品的题目很重要。一开始，我的所有展览都有名字，更多会找些双关的题目。比如"让步"，或者我最近在意大利的展览，叫作"最后的消息"。我找题目的时候，会做个很长的单子，这是件很好玩的事。

格勒尼耶： 你会画素描或速写吗？

波尔坦斯基： 我觉得自己画得非常非常糟糕，出奇地糟糕。我有时画素描试着找到某些东西，就像做笔记，但绝对没法见人，没有任何趣味。我唯一的素描，就是画电话，有点奇怪，有点幼稚，很复杂，但我从未展示过。与我的艺术工作相关的绘画，没有价值，没有趣味。

格勒尼耶：你经常从一件作品出发做另一件作品……

波尔坦斯基：常常都是。通常按惯例，所有作品我都留着。我的工作室环境难以忍受地脏，碎了好多年的杯子还在那，东西都堆一块儿，我有好几十张照片被踩在脚下，十多年没人做过清洁。但我总觉得，就该这么保存所有东西，因为这样才能让我走得更远：感觉在里面挖掘，在杂物堆里搜寻，在层层叠叠中，就能找到东西。我总是有点这样的想法，尽管我越来越少去我的工作室了。

格勒尼耶：你的工作室是怎么布置的，照片之类的东西？

波尔坦斯基：好比一个考古工地，有太多东西你能挖掘，一层又一层，你能从中找到过去的东西。我的底片——我应该有六七千张——没有归类。所以，比如说，在波尔多的区域当代艺术基金会做一件新作品需要再印，我至少要花三个小时找底片。我得看遍所有的底版，才能找到一张照片，而底版也混在一起。但这很有用处，因为能让我再看我做过的东西，带来的成果比花一刻钟只找到我要找的东西要多得多。到了一定年龄，有件重要的事就是再看做过的事。找这些底片的同时，比如说，我重看了《典型图像》，真的很有趣。我运作的方式，杂乱无章，让我浪费时间，同时也让我赢得时间，因为我又学到了东西。

克里斯蒂安·波尔坦斯基可能的生活

有些东西挺奇怪。我们到马拉科夫的时候，身无分文，我自己用大型木板算是造了一个大型书柜，用来放我的东西。三四年后，大量作品就以这个为出发点。我用同样的木头重新建造了这个框架，我把白色床单放进去，接着是衣物，随后是盒子……因此，在创作中，有些东西完全是偶然的。如果我有一个金属的书柜，这些作品的形式就不一样了。事实上，很多和偶然相连的东西是注定的。一个艺术家构造自己的词汇时是基于他接收的元素，有时是自愿，有时是偶然。这之后，他时不时地加上一个词语。因此，有基础的词汇——"金属框架"或"木头架子"——接着，艺术家在里面构造语句，这就是展览，一个新的词语介入。我认为所有的艺术家都是这样的。所以需要一个工作室，以便有一些与词汇不相通的样品。有些东西本来可以成为词语，可能会有用，但还没到时候。我家里有很多小的霓虹灯、电灯泡，很多类似的东西可以再激活，可以再为我所用。

格勒尼耶：你一直是独立工作还是有助手？

波尔坦斯基：我一直是独立工作，除非有我不会做的事。比如，我不懂焊接，所以，当有金属部分的时候，就会有个男孩来帮我。但我总认为，我和他一起完成的作品没那么有趣，因为都做得太好了。我雇用他的时候，总是跟他说，尽量做坏些，因为我认为味道正是从做坏了，修修补补这一点上出来的。得是"自家做的"。我需要两样

作品的生命

东西：一方面，作品要是我做的，或者不能做得太好；另一方面，作品要长时间待在我家。得是我定做。比如说，要求送十五副金属栅栏到画廊，作品不会好，得在我家待过，在工作室碰坏一点儿，我做点改动，我和它一起生活。对于照片来说，也是一回事，我与很糟糕的照片实验室合作，我要求他们做的经常和他们想做的相反。我挺喜欢很暗淡的照片，我根本不用找好的洗印师一起工作。因为我很吝啬，我总是要没那么贵的东西，这更多算是一个好规矩，因此不必扭扭捏捏。我的所有照片都是用机器洗印在塑料纸上的，我一次性把所有照片都堵机器那儿，之后就走了……一些偏暗，另一些更亮，事实上，对我来说更好。我做的东西没什么技术或手工品质要求，真的是基本的洗印，我就满意了。

格勒尼耶：有没有你已经忘记的作品？还是你记性很好，记得所有你做过的作品？

波尔坦斯基：我的作品我记得很好。我和鲍勃·卡莱（Bob Calle）一起工作，我很喜欢他，他做我的档案可能有十年了。基本上我每周去见他一次，他就过去的作品提一些问题，我记性挺好。当然，要是他问一个系列里有六十二张还是六十三张照片，我就不知道了。我同鲍勃的工作是一种回顾过去、发现事物、理解事物的方式。有很多作品我本不该做的，但我认为，所有艺术家都做了坏作品，就是这样，生活就是这样。一些作品完全没必要，但这不算什么问题。

格勒尼耶： 你工作的时候会自我检查吗？

波尔坦斯基： 有时候别人的评价或兴趣会对我有影响。比如，我挺喜欢大概八年前做的《床》。现在《床》的大部分在丹麦的博物馆，挺好。但这件作品完全不讨人喜欢，由于这个问题，就没有后续作品。我做这件作品的时候，以为在前方开拓了一条新的道路，在这之后会有别的东西。但是接受度真的很糟糕。我在伦敦的安东尼·达法画廊，在巴黎现代艺术博物馆，在纽约的玛丽安·古德曼展过，都是负面评价。实际上，我没再继续这条路。我认为，在我心里，别人的眼光是有影响的。当我尊敬的人跟我说"那儿你弄错了"，我更倾向于停下来。我最近在巴黎的玛丽安·古德曼做的展览让我担忧。别的我知道怎么做：博物馆、大型建筑，我知道。但巴黎的画廊让我担忧。我跟自己说："克里斯蒂安，不要做太过"，"克里斯蒂安，不要太过表现主义"。因为我完全能够想象来看的人的期待。反过来说，我在另一种语境下会更放手，比如我在意大利米兰做的展览。这完全不是销售的问题，因为在玛丽安·古德曼的作品根本卖不出去。而是因为空间不同，也因为巴黎的气氛让我在这里不能太表现主义。因此这不算是检查，而是情境和人们可能的想法对我有所影响。

格勒尼耶： 现在你设想的作品都是临时的吗？

作品的生命

波尔坦斯基: 现在我百分之六七十的作品都损坏了。好玩的是,作品在展示后完全损坏,比如今年我为莫斯科双年展完成的作品,或者去年在日本的作品。但是,尽管它们是临时的,它们一直与我的词汇保持联系。我在莫斯科用博物馆的橱窗做了一件大型作品,当然这件作品不存在了。但有一天,我能在一家有大量橱窗的博物馆找回它,并重新建造,用另一种方式。不然,毁掉的部分,更多的是在现场找,或者让人制作。我身上有个矛盾的地方,我试着思考传递的问题,我的作品是一座座纪念碑,但事实上,我越来越频繁地破坏它们,只剩下想法。这些作品能够也应该被再度诠释。比如,蓬皮杜中心的作品,《克里斯蒂安·波尔坦斯基的档案》(*Les Archives de Christian Boltanski*),不准备像我们刚做过的展览"大爆炸"(Big Bang)那样放置。它被设想成放置在一个角落,没那么高,但是会更长。要是有一天,你给我一个小房间,三米长,两米宽,我也会在小房间里的三面墙上做。这样也是一件作品,同时另一件也不会停止。现在,对我来说,最重要的阶段是展示的时候。我最近在米兰做的作品,有两件是我同时完成的,这是我之前没有想到的。展览结束的时候,这些作品会消失……除非有人说"我要"。即使是这样的情况,作品也会随着空间的变化有所改动。在米兰,我做了一件《黑色镜子》,伴随有一个声音在念意大利名。如果有一天我要再用这件作品,就不再是意大利名字了。得留存下来的,是带有黑镜的房间和低声呼唤人名的想法。

我偏爱的一件作品，是瓦朗斯博物馆的《瑞士死者藏》（*La Réserve des Suisses morts*）（1991年），形式是用盒子堆成的塔，很高。观众绕着这些盒子溜达，盒子堆得特别不稳固，必然有一天，有人头上就会挨上一层盒子。某个时间的尽头，塔就会倾斜，有可能倒塌。这是生命的图景：它支撑着，但我们知道，它随时有可能崩溃，有时候真的塌下来。里面有一种脆弱的情感，危险……每次我放置的时候，我都担心搭得太高，多放了一层或一个盒子，因为没有预先计划。我上一次放置，是在阿尔勒，所有的都倒了：有种"滚雪球"的效果，一层接一层地倒，带着巨大的噪声。我就让作品塌在那儿，就这样。

格勒尼耶：盒子里面有什么？

波尔坦斯基：瑞士死者的照片粘在盒子上。在最开始的装置中，我总是在照片中插入一张还没死的瑞士人的照片。在这个盒子里，有一份文件指明这张图是假的。我可以说："这件作品骗人，但有一天它会成真"，因为，这个人有一天会死。我这样做是为了缓和这件作品过于悲剧的一面。人们总说，当一些军人枪毙一个不幸者时，其中有一个是空弹，这样就没人知道谁杀了人。这是为了告诉自己，我没有看着一个人被杀死。最初的五六件作品，我是这样做的，后来我放弃了，现在这些盒子是空的。

我总是梦想能做出一些极其脆弱，无法重做的玻璃

作品的生命

塔：人们买了它们，每次搬上卡车，都会担惊受怕！这在我看来很美，看上去完全坚固的东西，甚至在下一秒就会消失。我认为这和我目前作品中出现的光也有一些对应：光会一下子就消失。这在我的作品里是始终如一的，想要活下去，就"永远"在工作，但这"永远"受限于消失，最终会消失……

格勒尼耶： 你要是重做在瓦朗斯（Valence）的作品，就像有段时间为了玛丽安·古德曼的展览，你有过这样的想法，你会去西班牙找吗？

波尔坦斯基： 不，那没有任何意义。我不会送一辆卡车去瓦朗斯找巴黎就有的饼干盒子！我对物品不是很在意。比如，大霍鲁（Grand-Hornu）博物馆作品的饼干盒生锈的太多。有好几百个饼干盒，当场就生锈了，太多了。好吧，生锈的太多了！这没什么大不了的……

格勒尼耶： 你会为了知道塔会不会倒塌而做预测吗？你相信占卜吗？

波尔坦斯基： 不会。除了整天画十字，我并不相信这些。就"一切皆会发生""没有什么固定不变"这个概念而言，我工作得挺好玩。事实上，我的情况里——艺术的经济运转——不确定的是我出售作品。因为我真的认为，没有任何理由把东西留下来。明天，你可以做一件饼干盒的作品，一模一样……

今天，我不知道这是好是坏，我的作品越来越多地由无法触碰的东西构成，比如声音、光——说得不好听的话，可以说它们是装饰。在米兰的展览中，一时间缺了彩色的斑点，我就用小的台灯实现了。我之前从未想过，但那里有一面空墙，我心想：那里要是有点光会挺好。我目前的工作真的是在建造，几天之内，一件作品，在完成的过程中，发生翻天覆地的变化。个人作品完全受制作、地点和大作品的利益支配。基于此，你这之后在博物馆展示的整个作品是断开的，且必然会失败。所以，除了要保证按构思的地点放置，还有很复杂的情形，最好要想到作品能和其他作品相适应。

第十六章
说出真相？

格勒尼耶： 你看过阿兰·卡瓦利埃的上一部片子《电影制片人》(*Le Filmeur*)。你们认识很久了，一直有联系吗？

波尔坦斯基： 我时不时见一见他。我极为尊敬他，他真的算是个圣人。他和气又讲礼，有时让人没法生气。他要是能参与展览"就这样"，我会很喜欢，但他不想。他是个了不起的人，堪称榜样。这个人，之前做的事很单一，他拍过罗密·施奈德（Romy Schneider）、凯瑟琳·德纳芙（Catherine Deneuve），而他突然说："不，我受够了，我要拿着我的小小摄像机拍下发生在我身上的事。"我觉得这真的很奇妙。他是我想成为的那种人，我叫他们"老疯子"，雅克·鲁博（Jacques Roubaud）也是其中之一。一些有点脱节的人，精神上朝气蓬勃，都能做别人不做的事……

《电影制片人》是部很妙的作品，非常出色，但这部电影的问题可能是缺少一点距离，缺少戏谑……

克里斯蒂安·波尔坦斯基可能的生活

格勒尼耶：你曾跟我说，"他说的完完全全是真话"，还有"我不知道是不是都能说"。

波尔坦斯基：对，这很有勇气，但同时，是不是该全部都说，会不会太多？这可能是"电影"普遍存在的问题。在文学中，你全都说，是非常简单的，因为你不受画面的束缚。我会对我自己的工作提同样的问题。比如，我为你们在蓬皮杜中心买的作品《克里斯蒂安·波尔坦斯基不可能的生活》而自责，因为这件作品差不多就那样，展示的也是我可悲的生活……已是日薄西山。我认为这样做有些危险，首先是因为艺术家将自己看得很重，同时，这可悲的光景妨碍了对现实和真实的忧虑。蓬皮杜中心的这件作品，可以说是一些被藏得很深的东西，一切都很混乱，所以什么都看不懂，但是终究……比尔·维奥拉（Bill Viola）展示过他母亲的死亡，我不能，我认为我不能这样做。我需要谎言，我需要一种距离。而同时，这样做也是好的，对那些能做的人来说，挺好。

格勒尼耶：对你来说，困难的是什么，这类作品太过悲伤、太过消极，还是太过内在？

波尔坦斯基：我想人得藏好自己的麻烦事，不管是什么。把它展示出来要很有勇气，但同时，我不知道这好不好！因为，表明自己的麻烦，必然会是几乎到了为此骄傲的地步。在所有的自传中，大概都是这样。把自己整个讲出来是很勇敢的，但我不知道这是否可能。不过显然，卡

说出真相？

瓦利埃的电影是有效的，因为你出来的时候完全是压抑的。救了这部电影，让它不至于太过悲剧的是，他很喜欢鸟。他拍摄来到他家的鸟儿，他给它们吃的，这是唯一的希望之光，我可以这么说。同时，有些时候，他很爱他的妻子，有些时候，他说些快乐的事……我认为自己比他乐观许多，是这样子的。我认为生活很可怕，但同时我热爱生活。我差不多是被这一点拯救的，对生活的爱。

昨天，我生平第一次去了成人礼。有人跟我说："啊，我以为您那么忧郁，没想到您有这么个圆脑袋……"人们总以为我看上去很阴郁，事实却正好相反！此外，这场成人礼让我很烦，因为别的理由。我认为，我人生中的一大不幸，就是困在了犹太教与天主教之间，然而令人艳羡的是属于一个团体，看见许多孩子、很多家人……当然，这也会有可怕的一面，但同时极其让人安心，想说自己属于某种东西，有自己的习俗、音乐和仪式。历史的偶然性使然，在我的家里，只听到谈论大屠杀，只听到我母亲一直跟我们说："你们是犹太人，起来战斗，因为你们是犹太人。"同时，事实上，我不是，我不是犹太人。这不是我的团体，我对这一切什么都不知道。实际上，我从未进过犹太教堂。因此我进退两难，想确定当个犹太人，又面临一些诱惑，还没完全了解就要与整个世界断裂。这与我的父母以及他们的朋友是非宗教人士有关，那个时期与犹太主义相关的东西和今天不同，那时候有融合问题，等等。昨天有人跟我说，"你参加过犹太成人礼……"，我不敢跟他说，我才第一次领圣体……但我跟自己说，我是他们之中的叛徒。我不在他们之中。

格勒尼耶： 你的家庭组织性仍然极强，比大部分其他孩子要强很多。

波尔坦斯基： 毫无疑问，但正是如此，我们完全与母亲的家庭分裂了，大约是因为排犹主义，而我的父亲没有家庭，因此，我从未有过大型家庭聚餐这一类的事情，因而产生了向往之情……这当然会不舒服，这种聚会，但是，当你看到的时候，你会感到一种幸福，在一群人里，在一个大家庭中的幸福。

格勒尼耶： 你在玛丽安·古德曼画廊的展览开幕式，你的家人都在……

波尔坦斯基： 对，对！我重建了一支小小的家人队伍。

格勒尼耶： 关于卡瓦利埃的电影，你讨论过一些东西该不该展示，你怎么想象暴力的图像？

波尔坦斯基： 在我的活动中，我从未直接展示过暴力图片。我认为不能这么做。原则上讲，展示暴力的人，这样做是为了揭露。但看这些图片，从来就没有那么多的无害，有一点是，当你看到苦难的时候，你会感到愉悦。无论如何，我体会过，我认为对所有人都是一样的情况。当高速路上发生一场车祸，所有的车辆都放慢速度，观看，

说出真相？

而这真的是为了观看死亡。我相信正是因为这种吸引力，加上去不好，用在图像中也不好。然后，我想，得尊敬这些人，不应该展示一个死去的人，不应该展示一具真人的尸体。

格勒尼耶： 德波在他的一部电影里展现了一个小女孩正在死去的图像，你觉得这样应该受到谴责吗？

波尔坦斯基： 完全应该谴责。在必要时，再说一次，把这些图像放在电视新闻上是为了让人看到人类的不幸，尽力让这个世界变得好一点。在一次演说中用上这些，还是美学类的演说，我认为是畸形的。当然，里面能找到乐趣，看见某人死去很有趣，但我认为把它融入艺术作品是可耻的。这样做会很危险。

格勒尼耶： 你经常使用社会新闻的照片。当你从杂志上剪下这些照片的时候，你是受到了这些夺人眼球的图片的吸引吗？

波尔坦斯基： 在《侦探》之后，我从杂志《案件》着手工作。我曾受邀去马德里的索菲亚王后艺术中心（Centre Reina Sofia）做展览，我让他们给我寄了几期杂志。接着，我从这份杂志开始做了很多工作。像从《侦探》着手创作的作品一样，我把受害者和罪犯的照片混在一起。西班牙人喜欢血腥的社会新闻，这部作品里，从这份杂志着手，我做了一部分死尸的照片，而这在《侦

克里斯蒂安·波尔坦斯基可能的生活

探》里是没有的。大体来说,我只用了普通照片。我的原始材料是蔡斯高中或普林节(Pourim)的照片,完全是中性的图片,十分无害,每个人家里都可能有。只是对图片做了处理——比如放大,把脑袋变得好像死人的脑袋——再加上题目,就有了悲剧性。但基础的照片完全无关紧要,要是用别的图片,我会感到羞耻。只有三件作品,我用了的确很暴力的图片。其中一件是我为《帕克特》(*Parkett*)杂志做的一本小书,就像所有的巴黎风景画小书一样,巴掌大小。图片是些被剖腹的人,而书小到你和图片所处的关系真的很私密。我感兴趣的东西是,你与这本书之间恐怖的关系,真的只是为你存在,有点像"小黄书"。第二件作品是1996年在伊冯·兰伯特展出的《出让》。我把开了膛的死者照片挂在墙上,每一张都用一块黑布盖着。有一些风扇轻轻地吹起布,所以能隐隐约约看到被遮掩的东西。人们可能会掀开帘幕查看。这种情况下,他们跨越了禁忌,在已有的呈现之下,是他们跨出这一步去查看。第三件是《刮擦》,一件得刮图才能看到的作品。除此之外,在我的艺术中没有一张刺激感官的图。

我对汉斯-彼得·费尔德曼有种感觉,最近我看他的一本书,一本漂亮杂志照片剪贴集的时候,我有些迟疑了,因为在一本画册里,你能找到的最具冲击力的图片太容易相似了:燃烧的人、战争中的屠杀、一头卷发的半裸少女……把残忍和风景画混在一起,在我看来,是一件很糟糕的事。我想,死尸的照片大概比色情照片还坏。有件

说出真相？

事，我本来不打算说，我认为我着迷于大屠杀元素的其中一个理由，当然不是唯一的，是我着迷于死尸的状态，死亡的状态。这件事对所有人都有诱惑力，看到一个人的照片，知道一小时后他就不过是一团灰烬。死亡就是这样一个问题，发挥着一种诱惑力，我们应该怀着足够的敬意去操作，而不应该玩弄。所以我用了一些死尸的照片。但是整个要么弄黑了，需要刮开，要么被遮住，要么非常之小，我确实用了色情书籍的概念。很不一样的是《瑞士死者》的情况，因为我所展示的他们有尊严，还活着。我生平从未用过与大屠杀直接相关的照片，我永远都做不了。

格勒尼耶：你怎么想最近的论战，关于是否展示在集中营拍的照片？

波尔坦斯基：我有个理论，不正确但有意思，只能拍我们知道的东西。因此，集中营的经历完全是他人的经历，不能被拍摄。胶片只能印出可识别的事物。我们既不能讲，也不能拍，因为这是未知的经历。但实际上，我不知道该不该展示这些照片。我想，一旦你把这些展示出来，这会很有意思，以至于你身上的某种东西必然会使得你参与犯罪。所以这是危险的，除了可能在历史博物馆的语境下，尤其是不能在艺术展览中做这个。同时，我认为大屠杀是非同寻常的事件，我们得谈论它并试着去理解，为此哀悼，尽力让事件不再重现。比如，在柬埔寨，种族屠杀完全被抹去了，这不是件好事情。讲出来更好，但取决于怎么讲，很难避免产生不好的注意。我挺喜欢斯皮尔伯格的电影《辛德勒的名单》。在这部电影里，有两个人物，一个善人列名单救犹太人，而坏人党卫军杀犹太人。我的想法是，这两个人是同一个人物。因为有权力对别人做什么才是可怕的。有权力救别人和有权力杀别人一样可怕，这几乎是一回事。当你救了五个人，你没有救到十个人，怎么做选择？我认为电影蕴含了这一层意思。到某个时候，你必然会停止救人，这样就如同你在杀人一样。可怕的是，让人有可能做这种选择。不应该让人拥有凌驾于他人之上的权力。

格勒尼耶：回到艺术记录上来，你怎么看做血腥图像的艺术家？

波尔坦斯基：我不认同，但是我说过，我认为我有个缺点，我是个"被教得太乖的男孩"。如果是为了宽容，为了说明人性的某些东西，我接受血腥图片。耶稣的图像，尤其是在拉丁美洲，被钉在十字架上，满身是血，鞭笞，耶稣降临图，都是血腥图像，然而这些是为了赞美"最后一个人"。耶稣的美，在于他这个可怜的家伙甚至没能力使出神力从十字架上脱离。这成就了基督教的美。虽然这些是血腥的图片，但它们不是为了自娱自乐。危险的是，为了自个儿高兴展示卑劣。当你在指明卑劣行径时说"试观此人"（ecce homo），像阿兰·卡瓦利埃那样，是好的，但是得沉浸其中，奉献自己。事实上，"最后一

说出真相？

个人"是崇高的。比如，我认为南·戈丁（Nan Goldin）的摄影作品的美丽之处在于，她拍摄一个滑稽的变装者，让他变得高尚且有人情味。因此，你要是表现某些感人至深或恐怖的东西并将它们提升，会非常好，不然，就会有点危险。同时，不应该夸张，血腥的东西并不总是坏的……我挺喜欢麦卡锡，他更血腥。但那是对婴儿来说的血腥，没什么可怕的。只停留在游戏的概念里，好像孩子们和医生做游戏……相反地，有个俄罗斯摄影艺术家，我在泰特现代美术馆的展览上见过他，他展现了莫斯科的流浪汉，状态很可怕，他们暴露性器。我不觉得这样很好！因为这更多是贬低而不是提升。同样是真的人，是真的照片，而在麦卡锡的作品里是幻影。

格勒尼耶：你说到暴力的诱惑力。在你的作品里，你抗拒这种诱惑？
波尔坦斯基：对。

格勒尼耶：你喜欢恐怖电影吗？你会看吗？
波尔坦斯基：我不是真的喜欢，它不会让我那么害怕。相反，我看过不少暴力的时事纪录片。说出来很可怕，在里面却能大概看到最美丽、最令人感动的画面。恐怖电影，所有人都知道，不全是真实的，我们害怕两三秒之后就会觉得好笑……这与真实的暴力完全不是一回事。为害怕而愉快是良好的愉悦感，好像五岁孩子玩闹吓人。

我不能接受的是，玩弄时事图片，真实图片——即使它们不血腥——把一个人展现到不应该展现的地步，或者被恐惧蛊惑。我不是要做出一副卫道士的样子，但就是应该注意一下，就这样。

第十七章
图录全集

格勒尼耶：要是你觉得明天没有市场了，你会重新开始做工作室的作品吗？

波尔坦斯基：我认为往后没能力做了。但我没法知道，可能我感到厌倦后会开始工作……我现在真正感兴趣的是完成大型作品，这需要很多精力和很多金钱。为什么要花费那么多精力把所有东西都留下，却只是为了储藏起来？我更喜欢展开思路，想象一些有一天有机会完成并呈现的作品。比如，受到詹姆斯·李·贝耶斯的影响，我想要做一个展览，只有图片，用小型飞机投放，飞机飞越一座城市，空投一些小册子，成千上万的图片覆盖这座城市。这样的计划，我可能三个月内就会放弃，要求这样投资是不可能实现的，除非有座小城市提议让我参加一场表演，否则，终归是不成型的想法。所以，我是在搜集想法，其中一些有一天会重见天日……无论如何，对我来说，只有当作品在一个地点实质化时，它们才是存在的。如果没人要求我这样做，我也不会生出真正的渴望去构造

克里斯蒂安·波尔坦斯基可能的生活

一些作品。私下说的话，我不喜欢画廊展出我的作品，但是，像我在玛丽安·古德曼做的展览，确实花了不少钱。因此，要是我投资一个展览，这很正常，如果只是为我自己，就没什么意思了。问题是，我一边对工作有极大的渴望，一边又总觉得自己什么都没做。有些艺术家很幸运，能够在紧缩的情况下，一年做一件作品，但我不是这样。我喜欢做事。去年在雷焦艾米利亚教堂的装置，很少人去看。但我高兴的是做了这么一场，因为我喜欢在教堂工作，给我机会尝试事物，让我能继续工作。同样，我喜欢做艺术家的书，但要是没有真正的要求，没有一个编辑，我不会去着手完成一本书。我做的唯一具有展望性的工作，就是一点反思，像做笔记一样画些小的草图，这之类的。上周，我看见在加列拉博物馆又制作了我早期做的泥球地毯，同时，在《巴黎竞赛画报》一篇关于印度的文章里，我看到了用花瓣做的一张图。这给了我重新工作的欲望，就从地毯这个想法开始……但我会做吗？可能在六个月之内，我会做一场只有地毯的展览。现今我的工作方式就是这样，从一个出发点开始，在家里做一两次尝试，可能有一天让人送来很多花，然后用它们做些东西。但是要做真的作品，首先我没有勇气，其次我不知道……

我一生中做了很多工作。不是体力劳动，而是做出很多东西，很多作品，很多计划。我很喜欢，我认为我永远不可能停下来，同时，我又会生出一种疲惫感。因为我很年轻时就开始了，所以我有大量的作品。有些时候，我心想，所有都毫无意义，这种狂热的活动，周而复始，不停地做一件作品、一场展览……某个时刻会说："好了，大概，事情做成了。"但我是个亢奋的人！当我作画时，最开始，我两天画一幅！后来我越画越大！我总倾向于不断增加，不断开始，需要越来越多的空间。当博物馆邀请我时，我问："你们没有阁楼，没有地下室吗？"有一个蛋糕广告里出现的人物叫多先生。安妮特总叫我多先生！当我在博物馆做展览，一开始提出给我一间工作室，最后我有了十间！这不一定好，做出一件好作品，比做一百件坏作品更值得。这是区分艺术家性格的一种行为。罗森伯格是位很慷慨的艺术家，因而他完成的作品有辉煌的，也有次等的。而托姆布雷并不慷慨，只做辉煌的作品。同时，贾斯培·约翰（Jasper Johns），之前是个慷慨的人，有三幅辉煌之作，其余都不好……因此，这个原则并不是每次都行得通！但脾性的差异这个问题仍然是真的。一些艺术家偏向于沉思，另一些则更着迷于生的欲望，我就是这样。一旦我有三天什么都没做，我就会进入一种特别消沉的状态。我需要接到六通电话，进行五个计划……

格勒尼耶： 在你的生活中，除了艺术，还有其他你在意的事吗？

波尔坦斯基： 当了艺术家，我真的认为我的生活被完完全全改变了，游戏艺术、成名、各种计划、旅行……这些填满了我的存在。我无法想象我没成为艺术家的生活。

克里斯蒂安·波尔坦斯基可能的生活

可能因为我有太多的焦虑，我曾经极其内向，艺术给了我存在的力量。这是极大的幸运。现在我抱怨，我想到死亡，但我很幸运成为一个尽人皆知的艺术家；我很受市场欢迎；我收到数不胜数的来信；普通人，不是大收藏家，跟我说谢谢我让他们感动。我认为这是在帮助我活下去。成为艺术家是一件危险的事，因为你寻求爱，而你被人爱，这会让你疯狂或者让你身处真实之外。同时，你在用某种方式冒险，因为你知道这会停止。这确确实实填满了我的生活。但所有艺术家都是这样，即使是没那么有名的人。

我也很在意安妮特是艺术家这件事，我们共同的世界是艺术的世界。从1970年开始，我们都赞同这一点。安妮特本会成为心理学家或别的什么，我本该开启另一个宇宙，然而就是这样，艺术和艺术世界成了我们谈话的主要内容。我真的无法想象别的事情。我那么年轻就开始了，我只能做这个！多说一句，我没有孩子，我没有可传递的东西。成为艺术家，可以感动人们，他们会想起我，这一点代替了传递。当我看到真正优秀的犹太人，牙医或医师，被儿孙环绕，儿孙之后也会组成他们的家庭，我一边流泪一边告诉自己："我错过了。"但同时，我想我本来就对此无能为力，我本来就幸福不了。出于偶然，也是意愿使然，安妮特和我选择了另一种生活方式。我有家庭，但这是不一样的。我们说的，没有传承……我没有后悔，我想我曾经是幸福的，但有时候，我觉得存在着某些东西，我真的没体会过。这就是为什么我觉得艺术家是怪物。他们真的没有情感，他们被工作纠缠，被自我纠缠。想要成为艺术家得野心勃勃，这是个疯狂的领域。这是我一直在跟我的学生强调的。艺术家在生活之外，在这世界里古怪着呢！所有这一切意味着大量的好处，同时也是坏处。像贝特朗·拉维耶这样的人，成功地自我构建了绅士与农夫相平衡的状态，有漂亮车子、高尔夫、好餐食、好朋友。我，我没有这种轻巧，我可以玩乐，但归根到底，生命中各种事件的出现，对于我来说像是灾难。我没有一些艺术家自己制造一些乐事的才能。但他们中的大多数也只是创造了一个人物，那不是真实的他们。我现在在意的是，我感觉自己真的老了。我感到"最后的时刻"快到了，几年之前，我还没有察觉。我有点像伍迪·艾伦。我最近去看心脏病科的医生，因为有人提醒我注意自己的心跳，我在玛丽安·古德曼画廊展览时用过，是不规律的。他跟我说，我没有梗塞，我很高兴，但我心想，下一次我可能就有了……事实上，某个时刻，烦恼不可避免地纷纷到来，以这样或那样的方式。反正，这是悲伤的。但我还有机会了解，或者能够忘记。

格勒尼耶： 衰老让你与一直对你很重要的童年世界割裂了吗？

波尔坦斯基： 不，我不认为。童年对我来说一直是已经"死亡"的事情，可能正相反，当我老去的时候，还会更容易想起童年。我很孩子气，真的很孩子气。衰老奇怪的一点在于让我们看到身体上的变化。我才看了一部老电影，真的很痛苦。这不是因为我特别爱漂亮——是的，我爱漂亮，题外话——而是人们看不到自己的形象。我真的认为我和我的学生一般年纪，我做怪相，而我没有意识到，对于他们来说我是个老家伙，一个老家伙。意识到这种事情很痛苦。这不是艺术家所特有的，所有的人类都有体会。在我的脑子里，我是个青少年。这种差距越来越大……总的来说，我过着传统且受庇护的生活。我和安妮特，我们从未经历真正的灾难，我们没有离婚……我们很成功，没有大型突发事件中断我们的生活。我认为这得益于安妮特的力量，而我的智慧让我认可这种力量。我想，我拥有的生活，更多的是幸福和幸运。我现在依然很幸福、很幸运。有一些存在的问题，真的，但归根到底，我不能无病呻吟，我是最幸福的人。我一直有很大的自由度做我想做的事。

格勒尼耶：什么推动了你作品全集的进行？鲍勃·卡莱正在做的那份。

波尔坦斯基：是鲍勃·卡莱提议的。另外，我称之为"档案"而不是"全集"，我总是抗拒做一本书的想法。我认为这份工作是有用的，但我尤其高兴能按时见到鲍勃。

同时，很重要的是重读他的作品。这是我持续在做的事。当一件作品有大量可能的解释时，会很有趣。有时候，艺术家一时看不到一些解释，但之后便会发现。我们经常性地不知道为什么我们做了某件事，十年后，我们才明白。时间会让我们越来越理解自己的作品。我不仅是再读我以前的作品，我还重新工作，我再次给予它们一种能量。有件奇怪的事，我是个形式主义艺术家，形式对我来说很重要，因为我是个艺术家，但是一件装置里有十一还是十二张照片对我来说没什么要紧。这应该很重要，因为区别一件作品的正是形式。但我更关注整体效果，并不计较细节。通常情况下，我甚至觉得形式的差异不重要，我不会因为要写一篇关于金属板的东西就每天思考确定它的尺寸……

格勒尼耶：当你在一个需要建造的展览地点或空间，比如蓬皮杜中心，会发生什么？你有兴趣设计建筑吗？

波尔坦斯基：我对建造一个空间很感兴趣。对空间采取一种实质性的行动，破坏一个地方，让人忘记身处蓬皮杜中心或玛丽安·古德曼画廊……建造空间结构是我现在的主要工作。如果有一天我在蓬皮杜中心展览，可能存在的问题有：对我来说，这时候在蓬皮杜中心展览意味着什么？蓬皮杜中心是什么？如何破坏蓬皮杜中心？如何成功地在这个地方提供一点儿情感？在我看来，这是世界上最困难的事——怎样不会作茧自缚？如何把蓬皮杜中心转变成一个不再是蓬皮杜中心的东西？当然会有一些我想要展示的作品，但我会自问该如何让它们相互支撑，让这不仅仅是一个回顾展。我的想法依然是建造一条道路，有推进，有翻转……

格勒尼耶：用一段叙述？

波尔坦斯基：对，一段不准确的叙述，但也是叙述。一个模糊的主题和一段叙述。做一场展览，对我来说，就好像作画……

格勒尼耶：如今你在演出上投入了很多吗？

波尔坦斯基：对。演出比展览好玩。风险不一样，准确地说，这不是我的领域。那更轻巧，我在那儿像是旅游。还有，我们会演出好几次，因此赌注不一样，我更欢乐。在剧院是件很美妙的事，即它持续的时间很短，没什么是固定不变的。你创造魔法，但没有持久的事，这真的是个圈套！这让我很愉快，因为我挺喜欢快速工作，心想：我们要在那地方挂幅塑料窗帘——用两截胶带支撑，八天之后掉了也没关系！我刚在鲁尔（Ruhr）与人合作了一场歌剧，在那里，我一直在改造空间。那里有足够的人帮助我，因此，我不用自己做事，只用说："在那里挂皮鞋""在那里钻个洞"……

格勒尼耶：你哪来的兴趣做演出？

波尔坦斯基：时间的艺术和空间的艺术之间的差别是很重要的。绘画是空间艺术：你身处一场展览中的时候，你想待多久待多久，你在空间中移动。文学、音乐或戏剧

克里斯蒂安·波尔坦斯基放置《利希梅斯》，2001年
科隆市圣彼得艺术车站
迪特马尔·施耐德拍摄
克里斯蒂安·波尔坦斯基与玛丽安·古德曼画廊（巴黎/纽约）惠允

是时间艺术，有头有尾，有推进，有悬念，情感来源于此。你有一个情境，这种情境翻转，翻转就创造出一种裂口。这些年来，甚至是在做演出前，我尝试过在我的展览中引入时间的概念，有推进，有翻转。接着，我就开始和我的朋友让·卡尔曼做演出。我认识让是在二十年前，通过一个朋友介绍，因为关于《影子》有个技术问题：我没法获取纯粹的影子。他是最有名的灯光设计师之一，他帮我找到了解决办法。我们保持着朋友关系，一段时间之后，我们一起工作，做一个舒伯特《冬之旅》（*Voyages d'hiver*）的戏剧版本，由汉斯-皮特·克鲁斯（Hans Peter Cloos）在喜剧歌剧院（Opéra-Comique）演绎。演出随后在布鲁克林音乐学院上演，这一次没有演员，好多了。四五年后，我们又一次为了秋季艺术节合作《睡美人》。我的哥哥扮演主角，想法已经是让公众参与演出。那是在一个很大的公寓里：你上楼，到五楼的一个厨房，听到我哥哥录制的声音，他在读《睡美人》；电视里有转播的图像，一个女演员被关在一个小房间，只能推测她在场；一位胖胖的女士在移动物品，不知道她是演出的一部分还是看门的……这件作品不怎么好，但是有些有趣的东西。一段时间后，一个财团组织的第戎新戏剧节邀请我，我们第一次做了整套形式的演出。这时候我们开始和负责音乐的弗兰克·克拉夫奇克（Franck Krawczyk）一起工作。这场演出叫作"欢迎"，在一个工厂的地下室展示。天很冷，弗兰克六小时不间断地演奏手风琴，还有一个童声合唱团……我们一直整套重新演出，是源于想做一场不间断的演出，观众一边溜达，一边就成了演员。空间总是很昏暗，满是烟，让人身处某种东西的内部。

格勒尼耶：在这些演出中，你作为个人是怎么参与的？
波尔坦斯基：这完全是集体活动，即使弗兰克更多地做音乐，让更多地做灯光。几次讨论之后，每个人都参与场景制作。在里昂双年展期间，我在游泳池底下做过类似的演出，还有在巴黎 P 点（Point P）的那一场，在夏特莱的四场……和之前在奇怪地点进行的演出不同的是，这是在经典剧院里展示的。剧院被当作一件物品，演出更像是幽灵来访，跟德国的浪漫主义精神比较接近。在柏林，我们同卡巴科夫（Kabakov）一起合作了瓦格纳的"四联剧"。演出的举办地点是 1900 年的一家大型疗养院，曾经是苏联部队医院。我们一致同意把演出排在"四联剧"之后，瓦格纳辉煌的乌托邦结束了，正是拂晓，我们喝了一夜酒。剧里有很老的歌手，像是真正的歌手，退休了，继续在废墟的世界歌唱。今天，我继续着与演出相关的活动，这对我的造型工作有巨大的影响。展览"最后的年月"与戏剧直接相关联，玛丽安·古德曼的那场也是。戏剧在我的生命中是一件很重要的事，因为它带我进入了没有作品的艺术概念中。去年，我在鲁尔参与了一场安德烈亚·布雷茨（Andrea Bretz）在大型煤矿的煤气厂演出的歌剧。这次经历非常戏剧化，场面宏大，主题是"人类

克里斯蒂安·波尔坦斯基可能的生活

《整天》,2004—2005 年
克里斯蒂安·波尔坦斯基、让·卡尔曼和弗兰克·克拉夫奇克
巴黎夏特莱剧院演出装置
M.N.罗伯特和 A.马库拍摄
克里斯蒂安·波尔坦斯基与玛丽安·古德曼画廊(巴黎/纽约)惠允

的毁灭"。一个接一个台阶,在一个十分昏暗、看不清的地方。参观从最后一个台阶开始:首先看到的是悬挂的衣物在旋转,接着是一大堆衣服,人们在其中挑选,然后用独轮车运到装煤的巨型漏斗处。它们被扔在坑里,参观者一边不断下降,一边看着它们掉落在底部,堆积成一座巨大的山丘。在这条行进的小路周围,是一些比较安静的展

厅，有长椅、灯光和别的活动。我们穿过仍然鲜亮的衣物，挑拣，再到教堂，到死亡，到地狱——用一个满是烟雾的游泳池来表现。人们能看到人头在烟雾中涌现，之后，他们从一段潮湿的隧道走出来，被带到自由的空气中。整个穿越过程需要一个小时，气氛很沉重，很难辨别方向，身体难以承受。我挺喜欢这件作品，即使它很悲剧性、很压抑。这意味着大量的工作，我得在一年内去十次。我们在剧院做的所有，都需要很多工作。但我喜欢这样，行程满满。

同时，这两三个月，我对这项活动有了怀疑。我们确实在剧院创造了一些东西，我们把事做尽了，但现在我们得找到真正的必要性，有理由创造新的戏剧。在夏特莱，德国浪漫主义的主题可能不够有力到有理由做四出戏剧。在剧院，当我们无话可说时，就会略过说布景。因此，我们得找到新的、足够有力的主题。

格勒尼耶： 你最近有一个计划，重做所有作品，从最开始算起……

波尔坦斯基： 对，我有过一个大型的计划，一切重做，最终我放弃了。我尝试过用黏土重新做，本来这相当于我再建工程里的一个新阶段：不再是从物品的回忆出发，而是从黏土出发重做。去年，在卢浮宫参展时，我做过几件，但之前用的黏土没有了，所以我不得不找别的方式混合泥土和石蜡，事实上，我不知道怎么做了，不像了，差远了……

格勒尼耶：你的所有《摄影组合》都会出现在你的作品全集里吗？

波尔坦斯基：不会，我不想展示这些作品，我在全集里把大部分《摄影组合》都删除了。它们从未售出，很少展示过，放在我的地窖里，四分之三都损坏了……

格勒尼耶：再说说你最近一次，去年（2005年）在玛丽安·古德曼的展览吧。

波尔坦斯基：和我之前跟你说过的最初意图相比，我做了极少的改变。我只是换了展厅的顺序，发现了录像室该怎么做。这件作品让我很烦，因为我觉得，制作不存在的人，有后人类的意味。因此，我很犹豫要不要做。我先是要学生给我一些他们的彩色照片、拍立得，想着用这些工作。接着我想放弃，我开始做另一件作品。最后，我认为唯一可能的方式是从《瑞士死者》出发，想法是死者给我们传递了某种东西，因为在我们身上都有着来自祖先的碎片。那个时候，似乎我能做成这件作品，因为它和我在这次展览中想要说的东西是一致的。我制作了一些怪物，一些混合体。这不仅仅是一件搞笑的作品，我还从死者的面容出发，引入了不一样的东西。这个阐释价有所值，像所有的阐释一样，它让我能够做这件作品。在一场展览中，对我来说，现在重要的是从一个展厅到另一个展厅，有一个主题的推进。我上次在伊冯·兰伯特做的展览——"与此同时"，2003年，是关于时间的：私人时间，物理时间，生命的时间……而在玛丽安·古德曼画廊，我想做一场关于独特性的展览。

格勒尼耶： 这场展览的第一件作品，声音很洪亮，你用的是谁的声音？

波尔坦斯基： 与以前一样，有我的哥哥让-埃利、我的妹妹、我的侄女、我、我侄女的男朋友……总是家里人！确实录得不好，听得不是很清楚，音质应该能做得更好。我们真的是在我哥哥的厨房录的，格雷勒尔路，但我挺满意这一点！

格勒尼耶： 你之前说过一件《再一次》的替换作品。

波尔坦斯基： 对，金属网状的大型管道，带着滑轮，一些有一米五高，另一些像坟墓一样，里面有一些睡袋。我们只是假设有某个东西穿过金属网，很薄很细，让人同时想起蚕茧和犯人。我想要五十件完全填满这个地方，就像一件极简主义装置，但我只做了三件，在工作室里。

格勒尼耶： 这件装置中，有一具隐藏的身体，就像之前的《圣物盒》（*Reliquaire*）一样。在《储藏》的盒子里，也有被隐匿的元素，但在那种情况下，是完全无法进入的。你对秘密这个问题有兴趣吗？

克里斯蒂安·波尔坦斯基可能的生活

波尔坦斯基：秘密，隐藏的事物我很感兴趣，知道有某种东西，但不知道是什么……有件作品我挺喜欢的，用《侦探》的照片做的，现在在维也纳博物馆，是些挺暴力的照片。我没有固定，只是把它们放在很大的金属盒子里。有一小时"观看的时间"，紧接着它们就会变黑。你知道有东西要看，但是每次你看的时候，你都在失去这件东西的生命。一点一点，你什么都没了，只有黑暗。但我估计从来没人打开盒子！我对红酒收藏家很感兴趣。当你有一瓶很好的酒，尽管酒在瓶中，你什么都没有，而你喝的那天，你也什么都没有了！这是唯一只有在损坏的时候才能判断价值的收藏品。我心想，我就想做这样一件作品，只存在一瞬间，还得告诉你："我不该这样，今天我最多看一分钟！"

格勒尼耶：你自己呢，你有秘密吗？

波尔坦斯基：有，我是个神秘的人。首先我是个大骗子。我觉得撒谎是件好事。在"艺术"里，有"艺术加工"，艺术总是和谎言相关。谎言支配着生活，让它变得更美丽，既然我们不知道真相是什么，那就没什么要紧的。同时，艺术加工就是为了显示真理，你做得越假，你离真就越近。谎言相当于艺术的面纱，遮住了真理，这种真理不是私人的，而是标准的普遍的真理。这不是"我"的真理，而是"我们"的、基本的真理。艺术中最重要的是，艺术完全是普世性的、集体性的，但是，每个人接

图录全集

《两兄弟》，2001 年
克里斯蒂安·波尔坦斯基惠允

收的时候，却认为它是私人化的，并且认识了自己。艺术，就像戏剧一样，我们得大声点说话，不然我们不会被听见。在我的艺术里，我经常玩弄真理。情感正是从我展示的事物中诞生。例如，"瑞士死者"真的是死去的瑞士人。我不喜欢带点"拉斯普京"，违抗神圣的事物，比如以艺术为借口的死亡。这就是为什么我的作品里题目非常重要：如果不叫"瑞士死者"而是叫"英语俱乐部的成员"，那会很不一样。从另一方面来说，当我谈论我的时候，我想谈的是集体，所以，我用了艺术加工，而不是我的真实生活。我经常讲的故事，像是我身上发生的事，而事实上，是我听过或看到过的事。如果一个故事让我高兴，我就会据为己有。比如，我的生母不详可能是真的，也可能是假的。事实上，我是个很神秘的人，极其神秘。

格勒尼耶：你也很会保守秘密？

波尔坦斯基：我自己的，会！别人的，不会……在一次采访里，就像我们这样的，我可以说上成千上万个小时，但我从来不谈及事物之外。有很多事，而且也不是秘密，我不能说，我不能"自己"说。

有些禁忌，即使对于自己来说，也是秘密。

格勒尼耶：这些禁忌会随着衰老有所消减吗？

波尔坦斯基：不会，越来越深。随着年龄增长，你能以此为乐，你没那么害怕了。你做的某件事，再讲出来，在你看来是不可想象的，二十年后，相比之下对你来说就没那么恐惧了……

第十八章
你呢，你怎么死？

格勒尼耶：我们谈谈你要为巴黎大皇宫装置艺术展做什么吧。你三年前就被邀请为大皇宫整个正厅做一件作品。因此你有三年的时间思考……

波尔坦斯基：在我看来重要的是，这个要求很具体。大皇宫装置艺术展，就是把一件作品和一个地方强力粘连在一起。这不能算是展览，更像是演出，介于演出和展览之间。在这种环境下完成一件作品和在博物馆里完成一件作品是完全不一样的：因为场地的大小，公众的数量，必然会引起轰动。就像一出歌剧，它的建筑就是音乐。作品应该是一个大型舞台装置。作品真的得是为这个建筑物而做的，就像一场演出，不应该在展览结束时还力图保存它，所有都得摧毁或复原。我们不是在事物的"前面"，而是在事物的"里面"，在作品的里面。我加强了这种效果，要求展览在冬天开，引入寒冷这样有形体的元素。声音会相当大，天会很冷，而我们真的会在世界里面，而不是在世界的前面。这有点像前两次大皇宫装置艺术展的情况，尤其是塞拉（Serra）的展：我们真的身处他的雕塑作品内部。

我很快就发觉大皇宫不是个试验的地方，而应该和它的词汇对话。这不是个适合尝试完全相反的东西的地方，因为这是场对公众开放的大型展览。我总是在想来看展览的人：得呈现与他之前看到的你的作品不一样的东西，但是，在他们见过的系统内，他们会很高兴以另外一种方式看到。因为同样的理由，我并不想做些极简的、细微的东西参与其中，比如放五张椅子在空间里就完了。那样可能会是一件理性的作品，但在我看来不地道，因为人们买了票，期待一场大型展览，那就得给他们提供一场大展览。我不想他们走的时候说："啊，这些当代艺术家，都在耍滑头！"如果接受了做大皇宫装置艺术展，就接受了要做这场演出。泰特现代美术馆要求的作品情况很不一样，因为公众不是专门来看的，他们先是来看博物馆的藏品，路过时看看作品，而且是免费的。

同时，我希望用这件作品表示这不是结束，它属于一个系列活动，最后在地窖或大皇宫工作都是一回事。我职业生涯的第一个展，我和让·勒·加克一起在坦普隆画廊做的，叫"当地1"（Local 1），相应地，我们在一个废弃的房间做了一件装置，只有几个人看过，叫作"当地2"（Local 2）。因此，一开始我就有了这个想法，得同时做一件面向公众的作品，更"高端"，以及一件完全隐藏的作品，两件都是同样的名字。这就是为什么我想同时在

"无人"展览调试中，2010年
巴黎大皇宫装置艺术展
迪迪埃·普罗维拍摄

大皇宫和马恩河谷当代艺术博物馆（Mac/Val）做展览，这个博物馆没大皇宫那样有名。马恩河谷当代艺术博物馆并不隐蔽，但因为它不在巴黎市中心，很少有人去，很难接触到，我想利用这一点。大皇宫的展览叫"无人"（Personnes），马恩河谷当代艺术博物馆的叫"之后"（Après）：死亡之后，没有人之后……要说大皇宫这件作品本身的话，这个计划我很早就有了，四五年前我跟你说过，但我不认为能实现，反正不是以这样的形式。一开始的想法，是大量的人体转化为物品，差不多是工业制品，也会出现"上帝之手"，即一股力量在选取、丢弃这些人体，没有明确的原因。他是在挑选还是在杀戮，我们不知道。总之，这股没有缘由的力量，用一个或抓或丢的吊钩代表，盘旋在成千上万的人之上，人用衣物来作为实质体现。

我想的是，有一个时间掌控者，一个生与死的掌控者：我们称之为上帝或运气。它和我们没有任何联系，它的举动无法知晓，无缘无故：纯洁善良的孩子会被杀死，无耻之人会活下来。人类之美，就在于试图反抗这种宿命，反抗上帝。而基督教，对我来说，就是如此，是人类对神的反抗……因此，作为人，就是试着与这种宿命作斗争，每个人都知道它无法战胜。我对运气也很感兴趣，是同一回事。这和我的年纪有很大关联，虽然它早就在那儿了。因为《缺失的房屋》（*La maison manquante*）就和运气有关。我年纪越大就越感兴趣，因为我周围很多的朋友

你呢，你怎么死？

都死了。为什么有人死了而我没有？我会死在五年后还是十年后？到一定年龄了，我们就知道死亡就在那，某个时刻它会到来，没有更多的理由说明是在明天、十五天之后还是五年后。整个生命都是这样，但到了一定年纪，它会更明显。毫无解释。所以吊钩，上帝的手指，就是这个，是选红色大衣还是绿色衬衫，没有任何理由。

格勒尼耶：描述一下这件作品：在地上四四方方有规律地放置了数以千计的衣服，而最终，这一大堆衣服中的一部分被一个吊钩抓取，对你来说这代表着上帝之手。

波尔坦斯基：上帝之手，运气或者命运。有一座高高的山，而这个吊钩还要更高，抓住一些衣服，又像下雨一般把这些衣物丢下。前面是各种各样的人在等待：他们死了，可以想象慢慢地他们进入这座高山。

格勒尼耶：这是对"末日审判"的隐喻？

波尔坦斯基：这让人想起末日审判，但不仅仅是，因为末日审判暗示着一种道德审判，好的会被选走，而不是坏的。我这儿没有道德审判，只是单纯地、简单地不可解释，一些被选走，另外一些没有，就这样。没人得救，这不是问题所在，因为要拯救什么呢？决定者不在乎、不看，什么也看不到。我要是步行穿过这件展品，我会杀死十多只微生物：我不讨厌动物，但就是这样。它们意识不到我在那，而我感知不到它们。有一股力量，离我们很远。人类的历史曾经哄骗这股力量，用人类献祭，等等。基督教是第一个说的："我们人类就是这股力量。"这不仅仅是基督教的特征，所有西方文明都在反抗大自然。但这是失败的反抗。这件作品就是讲这个。自然而然地，也是一幅工厂将人体转变成工业材料的图像。我想要提供工厂的氛围。为此，里面有很强烈的心跳声，像一台机器，还有其他工业元素，比如吊钩。

格勒尼耶：这更多是对命运、对生命的意义，对运气的提问，而不是对死者的哀悼。

波尔坦斯基：不是，完全不是对死者的哀悼。这是对终有一死的生命的偶然性和悲剧性的提问。这和大屠杀有关联，很明显，但同样和人类的不幸有关联。总的来说，想法就是一个毁灭的工厂，有噪声，有工业品，有些东西立起来又倒下去，但不是煤炭，而是人体。这幅图像和大屠杀有关联，也和人的物化相关。把人当作物，当作工业品。有两三万件衣服，但同时这是不成形的一堆，它们几乎不再是人了。由此来的题目"无人"：有上万个人，同时又没有人了。在描述中，我忘记说，进去的时候有一堵饼干盒墙，有实际效果，因为我不想装置马上被看到，同时也有骨灰塔的效果。

格勒尼耶：人类的状况在你的描述中只有不幸。

波尔坦斯基：人类的状况是不幸的，我们得以被挽救

你呢，你怎么死？

靠的是对知识的渴求。我们知道，尽管在这只怪物的脚下，在这命运之下，我们仍然尝试吐它一脸唾沫，说着我们和它一样强，并建造一些东西。吊车会把我们抓住，把我们化为灰烬，但是我们仍然能做动物没做的事：为后来的人建造一些东西，试着改善事物，做艺术，思考，改变世界……人类的骄傲，在于知道做这些。我认为做人就是这样。我们不是在崇拜力量。像我经常说的那样，让我与我的猫区别开来的，是我的猫接受了它的命运。而人类不接受他的命运，人类改变命运。人类和动物很相近，但有这点区别：动物意识不到它们能抗击命运。在人类身上，有对生的渴望、建造的渴望、理解的渴望。我们试图抗击命运。

格勒尼耶：你认为艺术在这场斗争中地位重要吗？

波尔坦斯基：对我来说，艺术是尝试着去理解越来越多的事物。因为我完全是自学的，我真的试着去理解事物，为了自己。艺术在于试着理解，试着用视觉而不是语言的方式讲述我们的想法。这段时间，真的，我自问一些很幼稚的问题，还试着去理解。就是因为我没有受过书籍的滋养，我用视觉元素表达这些问题。我真正感兴趣的，是提出存在的问题，每次都用图像提出问题。在中世纪艺术的传统里，甚至在普桑（Poussin）的作品里，应该都有相似的愿望。今天，我越来越少与形式建立联系，越来越少画画。我现在感兴趣的计划并不总是视觉形式。

克里斯蒂安·波尔坦斯基可能的生活

到了生命的这个阶段，我对作品创作的欲望是不变的，但偏向于虚拟而且相对隐蔽。这些作品都是"哲学性"的，是向世界提出问题。它们形式各不相同，我在意的是提出问题。2009年这一年，我在萨尔茨堡教堂地下室放置了一件作品，是一个说话的时钟，所以，时间将一直在教堂底下被讲述，而时间对我来说是上帝的代表。在同样的思想体系下，我有一个在日本海的计划，在丰岛，在那儿建造一个心跳档案馆，一个心脏图书馆。三年前，我组织了这样一个收藏活动，我已经录入将近20000人的心跳，2010年7月开放那天，我希望能有更多其他人的心跳。接下来，这份档案每年都会扩增。人们可以去到这座岛上，说"我想听我祖母的心跳"。同时会有录音室和更广阔、更有仪式感的地方听心跳。那里很远，很难找到（要坐两次飞机、一次汽车、两次船）。我对此很感兴趣，因为有一个"朝圣"的概念在里面。在最后的几年，必然地，蓄积的所有心跳都是死者的心跳，因此这个岛变得有点像"死者的岛屿"。我在塔斯马尼亚州有同样的计划。我遇见一个塔斯马尼亚人，一个大收藏家，他偏好埃及木乃伊，同样也收藏当代艺术作品。这个人是职业玩家，靠碰运气积累了一笔巨额财富。他着迷于死亡与运气，因为他所有的财富都和赌运有关。他能够以疯狂的速度计算，并记住不计其数的数据。他在塔斯马尼亚的一处产业独自生活，整天赌博，什么都赌。他来见我是因为他筹划了一个基金会，而我有兴趣和声称战胜过上帝的人一

你呢，你怎么死？

日本丰岛
克里斯蒂安·波尔坦斯基与玛丽安·古德曼画廊（巴黎/纽约）惠允

起工作。因为他打败了偶然性。因此，我建议他在我的工作坊放四台摄像机，日夜不间断地拍摄，通过视频会议把这些图像直接传递到他产业下的一个洞穴，位于塔斯马尼亚的中心。当然，这不会很有趣，一盘又一盘录像带会越积越多，而人们看不到什么要紧的东西，因为我并不常在工作室里。而且，那边是白天的时候，这边是晚上，而我的工作室夜里总是一片漆黑。无论如何，我会日夜录制，直到死去。录像将会实时放映，也只能实时放映。在我死后，相反他可以回来用这些录像，做他想做的事，提取最重要的部分，但不是在我还活着的时候。既然他声称他从不会输，那他就是魔鬼，因为只有魔鬼能战胜命运，我提议把这件作品终身出售给他。我们谈好了价格，他没有立马就给我这笔钱，而是按月支付。他会在八年之内给完我们谈好的价钱，所以，假如我没到八年就死了，他就赢了，要是我八年后才死，他就输了。他笃定地跟我说，我活不到八年，因为他从不会输。因此，我们打了八年之赌。但我可能会输！归根到底，他不会输也不会赢：我要是两年内就死了，他就只用付两年，但他也只有两年的影片；我要是二十年后才死，他会付二十年，而他会有二十年的影片……形式上说，这件作品不会很有趣，但我感兴趣的是这个关于契约、关于运气的想法。对我来说，这样的作品与很早之前的事连接在了一起，因为在最初的文本里，我说"我想把我的一生放在盒子里，就像把我的一生储藏起来"。我很高兴对自己说，我生命的最后几年会堆积在这个塔斯马尼亚的山洞中，人们会看到我老去、生病……

这些想法一直在我脑中，今天我成功地把它们实质化了，以一种在这类作品中我觉得合适的方式，成为传奇。每一件都像一本书的开始，但这不是一本书，而是现实，因为真的有一个洞穴在塔斯马尼亚，一座岛屿在日本。这

你呢，你怎么死？

件作品只能在塔斯马尼亚，只能由这个人做。只有故事对我来说还不够，真的得有这种真实感。这些我都想做，无论是日本的心跳、萨尔茨堡说话的时钟还是这件终身售卖"我的生命"的作品，因为这些对我来说是一种寓言。

格勒尼耶：这些寓言的意义是什么，都和死亡有关吗？
波尔坦斯基：我感兴趣的，尤其是塔斯马尼亚的这一件，是我认为今天最大的禁忌之一，就是谈论死亡，自己的死亡。然而，尤其是到了一定年龄，尤其是离死亡不远的时候，我认为能讲出来是好的。就像讲别的事情一样，无悲无喜，就像说："我三年内要换车"。我非常欣赏若望·保禄二世死去的方式，他告知了他的死亡。有些事我们不说明白。我总是很遗憾，死亡从我们的生活中完全被抹去了。当我讲在塔斯马尼亚打赌（我当然希望能赢）的故事，总是会刺激到一些人：怎么，你不害怕吗？！我不再害怕，因为我用八年生命打赌，而我并不害怕六个月之内就死去，要么一直都在害怕，要么从不害怕。但是这样说是一个禁忌："我和某人打赌我八年之后会不会死"。我觉得这样说能引起人们的思考，很有意思。两年后死或十年后死，事实上是一回事。回到时间的问题上来说，在大皇宫也提出过：我们可以对抗很多东西，但对抗不了时间。时间是上帝的形象，因为这是人类唯一无法战胜的东西：时间对我们一视同仁，时间什么都不在乎，时间在前进，而我们无法阻止它。与心跳那件作品相连的想法是保存人类，我用照片时就已经表达了这个想法："我们能保存一个人的某个东西吗？"这是在尝试保存某个人的个体，但结果必然是失败。有了一个人的照片，我们很清楚，我们没有拥有这个人的任何东西，而心跳，与生命息息相关的东西，也没有用。心既是一个人最个人化的回忆，也是最脆弱的，什么都不是。我们可以拥有祖母的心跳，但我们不能拥有祖母。

所有的计划，我愿意继续在世界各地做下去，都是些小故事、寓言。我想在列支敦士登再做一件，但是失败了，或者说反正不能马上做出来。这是一件关于秘密（这个国家的银行满是秘密！）的作品，一个满是秘密的藏匿点，在深山中找不到。我认为我身上剩下的所有部分就是故事。我的作品非常脆弱，很有可能会消失，应该被光顾、被展示，即便展示出来也不算什么。但故事会留下来。就是这样，有些人留下作品，别的人留下故事。

格勒尼耶：大皇宫的计划和你刚刚描述的不一样。

波尔坦斯基：大皇宫的故事有点不一样，因为它不是一个永久装置。在我能做的永久装置和演出之间，存在着另外一系列的问题。我真的觉得在大皇宫是演出。

格勒尼耶：你想要给出大型的情感冲击……

波尔坦斯基：对，真的是这样。我认为展览很有可能会被大量抨击，因为它太多话、太"沉重"。我知道，我

你呢，你怎么死？

想这样，我认为在这样的框架下，我得这么做，我只能这样做，但这很容易受到攻击，因为观众出来之后完全会被摧毁。真的是"再无任何希望"，浑身冰凉……恐惧什么的！

格勒尼耶：这件作品提出了关于恶的问题，一个在你的作品中展示了很久的问题。

波尔坦斯基：对，我的作品里有……我的作品里有两个问题。第一个是每个人作恶的能力，杀人的人和被杀的人并不是分离的。这是《无忧》（*Sans Souci*）的主题，这件作品依据家庭相册完成，展现了一些极其和善的纳粹：他们和我们没什么不同，我们不知道在同样的情况下我们会做什么，事情没那么直截了当。一生都未杀过人的人可能在一个既定的时刻成为罪犯，他不是一直都是个坏人。参与其中或隐约了解的德国军人并不都是坏人。所以，关于"恶"有这样一个问题：我们怎么能杀死邻居，我们能杀掉所有的邻居吗？惊人的是，我们可能实施行动杀死邻居。我们，我们有幸不用面对这样的情况。有这么一个观点，认为人类历史会惨烈地结束，没有人能逃脱。

现在死亡萦绕在我心头，比三年前更甚，不用比较，我一直都挺从容的。它根植在我心中，以至于成了我的一部分，我随时等待着它。这个时候，我已经到了某种东西的尽头。离开美院对我来说是件伤心事，因为我对传承这件事很有兴趣。我能继续再教六个月，但我不想，这个阶

克里斯蒂安·波尔坦斯基可能的生活

段已经结束了。我很看重一些我教授过的艺术家,他们在继续,这样就行了。总之,确定的是,我到了变化的时期。不是说我六个月后就会死,这不是必然的,但我到了变化的时候。必然地,艺术会随着身体和生活转变的重要时刻而变化。尽管我总是雄心勃勃,但我不是个野心家,这给我带来了极大的好处,我完全不会对参展有渴望,也不会为没有参展而焦虑。造就艺术家生活的一切通常都很艰难(为什么我不在这场展览中?这件作品我卖得不好!为什么我在这家博物馆里没有作品?),这些我都不在意。首先是因为这些事都已经实现了,我做了我的工作,而我认为我的生活很美妙,我做了许多好玩的展览,而我想要更多,因为我热爱生活,我非常喜欢玩乐。我想去威尼斯,完全不是为了在那展览,那样很复杂,就是为了跟自己说:"瞧,挺好,今年我会去五次威尼斯。"我也没有艺术家在成功路上的焦虑,因为我想要的都有了,我清楚成功意味着什么。从另一方面讲,因为我是个很爱玩的人,我什么都不后悔,所有的提议都让我兴奋。我认为弗朗索瓦·莫雷莱(François Morellet)有点像这样,是个热爱生活的人。你跟我说:有个展览,没有很多人关注,但我们会好好玩,在博洛尼亚,和朋友一起——我马上就走!确定的是,我越来越爱生命,超级爱。为了不错失生命的时间,到了不睡觉的地步。并不冲突的是,我一直在想着死亡,很不幸,但就是这样:"再等一分钟,死亡女神"。找乐子,在我看来,就是做些愚蠢的计划,见见

你呢，你怎么死？

在塔斯马尼亚奇怪的人，在飞机上无所事事……因此我是个乐天派，所以没有一场我做的展览、一个我做的计划会让我后悔，因为每一个都带来了真正的幸福感。我总是吃好玩的东西，见好玩的人，看好玩的事。我不对世界尖酸刻薄，我玩得很高兴。比如说，我去列支敦士登，那是世界上最悲伤的地方，我得在那儿待八天，我跟自己说："那里有干酪火锅……我从没去过山里，可能会好看……"我叫他们把我放在山上的一个小旅馆。

格勒尼耶：这对你来说是新的。以前，你去一个地方，你去布置你的展览，然后就离开了……

波尔坦斯基：对，是新的。过得越好，我越会想到死亡，就会越来越想用想象不到的方式从生命中获益。

格勒尼耶：我想起四年前，你准备玛丽安·古德曼画廊的作品时，你说"我绝不再去我的工作室，此外我觉得我绝不会再在工作室做作品"，而我完全没有意识到，随着时间的流逝，你在工作室做了这么多作品。

波尔坦斯基：我认为这是因为制作这些东西真的很有乐趣，是乐趣使然。我的问题是，即使我做了很多东西，我也会感到厌倦，因此我需要动荡和消遣，我需要做些事情。在世界上，我最喜欢的事，就是在工作室里修修补补，我喜欢这样，我没怎么做，是因为之前我没有这样的想法。你知道，所有人在做同样的事，有人跟你说，你两个月后就会死，你会像以往一样继续你的生活，你不会去巴哈马晒太阳。生命短暂不足以改变我们的消遣，也许正相反。

格勒尼耶：就是因为如此，为了大皇宫的展览，你想"有人会批评我，这太多话了，太情绪化了"，你还自言自语"这一切都没什么大不了的，因为我被死亡这样纠缠，我想说什么就说什么"？

波尔坦斯基：完全是这样。我清楚所有在法国的人用来攻击我的陈词滥调。但我想这是我该做的，这样做我很高兴。问题不在于绝对有理，而是每个人得做他该做的事。最终，别人的意见，我很清楚是相对的。总是有人啐你一脸，有人拥抱你。而今天啐你一脸的人，明天有可能拥抱你，这些都没什么大不了的。

格勒尼耶：我注意到，你生病的时候，你不去治疗，而是去工作，甚至去冒险。几个月前，你去日本的时候，你正生着重病。

波尔坦斯基：对，我是个认真的人。首先，准备展览比躺在家里好玩多了；其次，我总是被塞满了合约。我生病的时候，永远不能停下来。我要这样做，今天我就是不死不生的状态，我冒了风险，但我在日本玩得很开心，不去我会很后悔。我觉得不应该任由疾病使人心烦意乱，不应该被任何事扰乱心神，无论是疾病、衰落还是死亡临

你呢，你怎么死？

近，我都得继续做下去。继续下去，因为我喜欢。

格勒尼耶： 你有感觉到你的作品，最开始受到社科模型、调查问卷或是自然科学等的启发，现在变得越来越暗含隐喻、越来越诗意了吗？

波尔坦斯基： 现在，我在尝试围绕我提出的问题构造一种寓言。为此，我根据稍加美化的情景创造了一些故事。比如，当我谈到在日本的计划，我描述了一个临近的岛屿，但那不是我放置作品的岛屿。它很美，它正好代表了我所说的偏僻小岛，这是我在日本计划的象征。所以我美化了。关于塔斯马尼亚的洞穴，我想要一个在山中的真正的洞穴，因为一些实际问题没能成行，最终我确实有了一个洞穴，但就在基金会的旁边。但我仍然说是塔斯马尼亚深处的一个洞穴，日本一座荒凉的岛屿。然而在日本，不幸的是，我的岛屿并不荒凉，甚至有个小村庄有两千个居民！这两种情况中既有真实的部分，也有故事的成分。因为我的所有故事大致上总是和现实有关联，但略有美化，在这之上，我再继续。我不认为我以前的作品和目前的作品有很大的差异。现在我收集心跳，以前我收集照片、衣物、名字……我做《瑞士死者》的时候，已经是对命运的提问，都是浮华。真正改变的，是我不愿意再把我的问题合成一种形式挂在画廊或公寓。我依然能做到，但这不再是我优先考虑的事。甚至在当下，我的愿望不是这个方向，而是朝向真实的虚构，朝向故事。如果这些东西像我希望的那样出现，我会继续，做更多此类的计划。这是我接下来几年想做的事。

格勒尼耶： 关于大皇宫装置艺术展，看了之前基弗和塞拉的展览，多大程度上会对你的决定起作用？

波尔坦斯基： 必然会。大皇宫里一个地方被用过，它就会越来越难以介入。比如，在泰特现代美术馆，不可能再用声音介入，因为布鲁斯·瑙曼（Bruce Nauman）做过了；用泥土也不可能，因为多丽丝·萨尔赛多（Doris Salcedo）做过了。东西正在耗尽，所以，大皇宫装置艺术展第十五个艺术家会比我有更多麻烦。我第一个计划是做塔，堆得很高的塔，用布盖着。我没有保留这个想法，其中的原因有基弗和塞拉两个人都做过塔了。我还剩下什么呢？泥土。这是我用泥土工作的原因之一。我超级喜欢塞拉的展览。基弗的展览里有很多很漂亮的东西，但对我来说不管用，因为房间里挂着画很像画廊。当我们在这些房间内部，我们忘记了大皇宫。我认为他犯了个错，因为他想保留一些东西，想把作品留下来，不被摧毁。塞拉，相反地，用完美的方式呼应了场地。这一切都值得思考。

格勒尼耶： 有段时间，你想放置帐篷。

波尔坦斯基： 我经常想从纯粹实用的东西出发。我知道预算有限，安装时间有限，我跟自己说：怎么展示最快，还不那么贵？军用帐篷。还有，我见过帐篷房子的图

你呢，你怎么死？

片，既能反映黑户，又能反映加来（Calais）的状况，还能反映大屠杀。很长时间，我都从这些帐篷出发，我挺喜欢这个计划，却没做成，我很遗憾。我甚至想过用镀金的材料做，本来会很好，但有两个问题。首先，场地太大了，得在帐篷里做点东西，就没那么好。但同时，只有帐篷很无聊，不会有什么效果。其次，无家可归的人太多，黑户太多。在我看来，场景的描述性太强，可能五十米远处就能找到这样的地方，无家可归的人真的生活在小帐篷里。这样粘贴现实做成艺术作品，让我不舒服。我将要做的作品，用衣物，就没那么直接，更有寓意而不那么直接。我挺喜欢这个计划，找到这样的计划，我非常高兴。我真的觉得事情做成了，感觉很奇妙。我很满意这么迅速，这个想法三天就完成了。对组委会来说，我是个很好的艺术家。有些艺术家存在一些问题：花了很多时间，要求一些不可能的东西。而我更偏向于"不贵、快速、好做"。我有这种才能，尽管这并不总是有效。

格勒尼耶： 有段时间，你还想过做个大仓库。

波尔坦斯基： 我在《兴趣点》（Ça m'intéresse）杂志上发现一张俯瞰书库的照片，不可思议，像是纽约的风景。用透明薄膜打包的东西总是非常美。但有技术原因，让这个计划无法实现，制作要花太长时间。然而，这个计划有一天我想做出来。我保留了仓库的概念，我想要在大皇宫的一角有一个真的工厂。

克里斯蒂安·波尔坦斯基可能的生活

格勒尼耶：你要在马恩河谷当代艺术博物馆展什么？

波尔坦斯基：展览名叫"后来"。我选了这个题目，因为它在大皇宫之后开幕，也是因为它展示了在大皇宫看到的东西之后发生的事：在那儿，像老人说的那样，我们在地狱之中，在死者的领域。有村庄模样的，很高很高的、相当密集的塔，填满了整个空间。你走进去，在门后面是一道可穿过的帘幕，上面投影的来自全国视听研究所的新闻画面快速闪过，不仅仅是大事件的图像，更多的是人群，足球，有很多人的图像。你穿过帘幕的时候，图像会停止，穿过之后图像会重新开始。你到了一个非常昏暗的领域，有一些巨型黑塔，之后，你看到像是《发言》里的一些人物，大衣上穿刺着霓虹灯，向你提问："你呢，你怎么死？"犹太传统中有一段很美的祷文，复述如下：你会被分尸？你会被淹死？你会受折磨？描绘了各种各样的死法。但这太悲惨，所以我更喜欢这个问题："你怎么死？"穿过灯光的这些人，有点类似天使，他们迎接你，然后用欢快的声音对你说："你怎么死的？""你把很多朋友都甩在后面了？""你受了很多苦吗？"这类问题有十五个左右。我的想法是，你在穿过帘幕的时候，你去世了，你到了一个生命停止的领域，一座满是坟墓的村庄，那里有人问你从生到死的过程。在大皇宫，是上演死亡，还有心跳，有大的活动。这里，到达的是平静很多的地方，是死亡之地。这就是题目的来由……

你呢，你怎么死？

格勒尼耶：在这样的作品之后你会做什么？

波尔坦斯基：你知道的，我总是希望能完成一出喜剧！那么，要是有一天，我做一出喜剧……

《与此同时》(局部), 2003 年
克里斯蒂安·波尔坦斯基与玛丽安·古德曼画廊(巴黎/纽约)惠允

实验艺术丛书

[英] 爱德华·卢西-史密斯
西方八十年代艺术
于　君　任家蓁　魏小莎译

张荣生编著
西方现代派建筑艺术

[西班牙] 安东尼·塔皮埃斯
塔皮埃斯回忆录
周敏康　陈　泉译

陈卫和编著
西方雕塑：二次大战前后的范例

陈　侗　杨小彦选编
与实验艺术家的谈话（外国部分·第一辑）
杜　莉等译

[法] 阿兰·罗伯-格里耶
重现的镜子
杜　莉　杨令飞译
（北岳文艺出版社）

[西班牙] 萨尔瓦多·达利
一个天才的日记·达利的秘密生活
陈训明　陈劲良编译

[法] 让-弗朗索瓦·利奥塔
后现代状况——关于知识的报告
岛　子译

[比利时] 让-菲利普·图森
浴室·先生·照相机
孙良方　夏家珍译

[美] 罗伯特·库佛
打女佣的屁股
谭加东译

[意] 阿其烈·伯尼托·奥利瓦
超级艺术
毛建雄　艾红华译

[美] 苏珊·桑塔格
论摄影
艾红华　毛建雄译

陈　侗　杨令飞选编
罗伯-格里耶作品选集（三卷本）
余中先等译

[英] 戈林·麦凯波
戈达尔：影像、声音与政治
林宝元编译

陈 侗编
[法] 安娜·西莫南
被历史控制的文学
——午夜出版社里的新小说和阿尔及利亚战争
吴岳添等译

[法] 蒂埃里·德·迪弗
艺术之名
——为了一种现代性的考古学
秦海鹰译

常宁生编译
[德] 汉斯·贝尔廷等著
艺术史终结了吗？
——当代西方艺术史哲学文选

许晓煜
谈话即道路
——对二十一位中国艺术家的采访

[法] 皮埃尔·雷斯坦利
伊夫·克莱因　空心之火
曾晓阳译

王 林编著
与艺术对话

[法] 吉尔·德勒兹
电影1 运动-影像
谢　强　马　月译

[法] 吉尔·德勒兹
电影 2 时间-影像
谢 强 蔡若明 马 月译

[法] 让·德·贝格
图像·女人的盛典
曾晓阳译

[法] 阿兰·罗伯-格里耶
快照集·为了一种新小说
余中先译

[比利时] 让-菲利普·图森
迟疑·电视·自画像
李建新 姜小文 曾晓阳译

[法] 阿兰·罗伯-格里耶
反复
余中先译

[法] 让-克洛德·勒布伦
让·艾什诺兹
邹 琰译

[法] 阿兰·罗伯-格里耶
旅行者（上下卷）
余中先等译

图书在版编目(CIP)数据

克里斯蒂安·波尔坦斯基可能的生活/(法)克里斯蒂安·波尔坦斯基,(法)卡特琳娜·格勒尼耶著;潘文柱,陈美洁译. —长沙:湖南美术出版社,2023.4
ISBN 978-7-5356-9843-8

Ⅰ.①克… Ⅱ.①克… ②卡… ③潘… ④陈… Ⅲ.①克里斯蒂安·波尔坦斯基-访问记 Ⅳ.①K835.655.7

中国版本图书馆CIP数据核字(2022)第128694号

克里斯蒂安·波尔坦斯基可能的生活
KELISIDI'AN · BOERTANSIJI KENENG DE SHENGHUO

著　　者：	[法]克里斯蒂安·波尔坦斯基
	[法]卡特琳娜·格勒尼耶
译　　者：	潘文柱　陈美洁
责任编辑：	曾凡杜聪　陈怡希
责任校对：	何雨虹
装帧设计：	CANTONBON
出版发行：	湖南美术出版社(长沙市东二环一段662号)
印　　刷：	恒美印务(广州)有限公司
开　　本：	787mm×1092mm　1/32
印　　张：	10
字　　数：	150千字
版　　次：	2023年4月第1版
印　　次：	2023年4月第1次印刷
书　　号：	ISBN 978-7-5356-9843-8
定　　价：	68.00